シリーズ「心理臨床セミナー」⑥

ひとと会うことの専門性
なぜ心理臨床をめざすのか

斎藤憲司 著

KS 垣内出版株式会社

シリーズ「心理臨床セミナー」刊行の趣旨

わが国の心理臨床は、戦後五〇年という長い助走期間を経て、ようやく本格的に展開しつつあります。

臨床心理士も、その資格が未だ団体資格にとどまっているとはいえ、徐々に存在が認められてきています。大学その他の機関などにおける心理臨床教育も、広がりと充実において三〇年前とは隔世の感があります。

それと平行して、出版活動も盛んになり、専門家、準専門家に向けて入門書、専門書など多くの書物が世に問われるようになりました。

にもかかわらず、心理臨床を学び、心理臨床に携わろうとしている人々にとって、心理臨床の実際はなおイメージしにくく、臨床の知と技法を自家薬籠中のものにすることは、極めて困難であることも事実です。

心理臨床という仕事には、思想と理論と技法と経験が入り交じり、混然としています。これら四者が一人の実践家の中で混ざり合い、その結果が臨床場面の瞬間瞬間で現れ、また、問われます。

このような事実は、通常、指導者（スーパーバイザー、教師、先輩）と被指導者（スーパーバイジー、学生、後輩）との緊密な関係において、言語的あるいは非言語的に伝達されます。そして、心理臨床の知識と技法のこういった側面は、パーソナルな色彩が強く、書物に表されて伝達されることはめったにありません。そのために、直接ふれあうわずかな人々のあいだでしか共有されることがないのです。

心理臨床教育においてもっとも必要とされていながら、もっとも公けにされることの少なかったこの「思想と理論と技法と経験の混合」を、広く臨床を志す人々に少しでも多く伝えたいというのがこのシリーズを企画する趣旨です。

一人ひとりの心理臨床家の中でそれら混合の結果がいかなるものとなっているか。その様相を伝えることによって、日本の初心の心理臨床家や心理臨床学徒が自分のアイデンティティを模索しながら、勇気を持って実践の力量を高められるようにする。そうした後進の努力を後押ししたいというのが私たちの願いです。

各巻の主題は異なっています。執筆者が今まで追い求めて来て、自分の言葉として今もっとも伝えたいと思うテーマの下で執筆しました。各巻のボリュームはいたずらに大きくせず、むしろコンパクトにし、読者が一気に読めるものにしました。章立てや文章のスタイルも、執筆者によって異なることをいといませんでした。文は人なり

だからであり、それらも含めて執筆者その人を伝えることが出来ればと思うからです。借り物でなく、執筆者の経験に裏打ちされた、執筆者自身の生きた言葉をお伝えしたいと願っています。

一九九八年四月一〇日

飯長喜一郎

平木　典子

はじめに

"心理臨床"と称される領域に携わるようになって、十数年になります。私がこの世界に足を踏み入れたころに比べても、実に多くの方がたがこの道を志し、本屋さんの書棚には、多くの著作が並ぶようになりました。

とくに近年マスコミ等で「こころの時代」等と称されるように、カウンセリングに対する社会的な関心が高まってきていることは、外面や物質的な事柄に捉われずに、ひとの内面に確かなまなざしを注ごうとする意識が広まってきたことの現われでもあり、歓迎すべきことなのでしょう。しかし一方で、昨今の驚くような事件の数かずに触れるまでもなく、（不況とは言っても）歴史的にはやはり豊かと言って良いこの時代に、人びとのこころは思いのほか苦しみ、あえぎ、道筋を見失っているとも言えそうです。

この国の中で生きていくこと、育ちゆくこと、援助し合うことに、どのような特徴と困難さが含まれているのかを、それぞれの立場から、じっくりと見つめていく必要を感じます。とくに、これから何らかの形でひとと関わることを職業的に選ぼうとする（私よりも）若い方がたには、ひとと会う、関わることの本質とは何なのかを、技法や理論

を鵜呑みにすることなく、体験的に学び、考えていただけたらと思います。そのために は、多くの臨床家の生のすがたに触れることがいちばんでしょう。自分自身の修業時代 を振り返ってみても（実は一生修業のようなものなのですが…）、先輩方の生身の姿から 多くを受け取り、励まされ、時に威圧されつつ、自分の臨床のスタイルといったものを 築きあげてきたように思います。ただ、身近なモデルになる方がたがそんなには多くな く、かなり苦労した時代の方が長かったようにも感じています。

本書では、中堅に差し掛かってきた一人の臨床家が、どのようなことを考え、実践し てきたかを、自分なりの臨床経験に基づいて、出来るだけ平易な言葉で記したいと思い ます。学界や業界の流れにこだわらずに、「ひとと会う」ということはどういうことなの か、われわれはそこから何をしようとしているのか、幾多あるひとと関わる職業の中で、 何故、心理臨床を選ぶのか、という原点を問いかけつつ、論じていきます。編者の先生 方がおっしゃるように"思想と理論と技法と経験が入り混じり、混然としている"心理臨 床の営みを、出来るだけそのままにお伝えすることができればと思います。そのため、 全体の構成は、通常のこの領域の書物とはかなり異なるものになっています。 格好のいい理論を滔々と述べられれば、感心してくれるひとはいるかもしれませんが、

実際の臨床場面では多くの場合無力です。私が心理臨床の実践から学んだ最大の知見の一つは、本当に自分の中で確かと思えることしかひとには伝わらない、ということでした。初心の頃は、面接の中で応答に窮した時に"通常はこんな時にどうするのがいいのだろう？"とか"あの先生だったらどういう言葉を返すのだろう？"と思ったものですが、借り物の何かでは決してどうにもなりません。何故なら、面接室の中には、相談に来たクライエントと、相談を受けるカウンセラーしかいないのですから、二人のあいだで生じていることこそがすべてで、その中で湧き起こってくる感情と思考と言葉に耳を済ますより仕様がないのですから。どこまでがオリジナルかにこだわるよりも、臨床家としてのその時々の実感を大切にしていきたいと常づね考えています。

本書も、基本的にこの方針に沿って記しています。先達が明らかにしてきたことや、諸先輩方から学んだことも少なからず含まれていると思いますが、とくに引用文献としてあげることはしていません。

また日々の活動の本質を伝えていくさいに最も雄弁に語ってくれ、かつ最も取り扱いの難しい相談事例については、事例そのものをまるまる扱うことはせず、しかし臨床的事実を描写するのに必要な事象（クライエントの情報ではなく）や、臨床場面で生じたことを出来るだけ具体的に描きつつ、論じていきます。一つ一つの事例、そして面接場

面は、かけがえのないものであって、単純に比較・相対化できるものではありませんが、本書では「ひとと会うことの専門性」について鮮烈に筆者に考えさせる契機となった初心のころの経験が多く綴られています。

カウンセリングそのものを志す人びとに対してのみならず、教職・福祉・医療といった関わりの深い領域で働いている方がた、また職業的にではなくとも、この領域に関心を持たれている幅広い立場の方がたとの接点を見いだしていくきっかけとして、本書が何がしかの橋渡しになれば、嬉しく思います。

目次

シリーズ「心理臨床セミナー」刊行の趣旨 …………………… 1
はじめに ……………………………………………………… 5

1 臨床家になるということ …………………………………… 17
  1・1 さまざまな関わりの中で――何故、心理臨床家をめざすのか …… 17
    1・1・1 心理臨床をめぐる幾分かのとまどい
    1・1・2 ひとを援助したいという気持ち …………………… 18
  1・2 日常の中でのサポート ……………………………… 21
  1・3 擬似的な臨床経験――家庭訪問・ボランティア・エンカウンター …… 24
  1・4 先達の教え ………………………………………… 27
    1・4・1 理論から学べること ………………………… 27
    1・4・2 関わりの中で学ぶこと ……………………… 29
  1・5 ひとと会うということ――経験の中からの視点「構造」「関係性」「テーマ」 …… 31
    A 「構造」 ……………………………………… 32
    B 「関係性」 …………………………………… 33
    C 「テーマ」 …………………………………… 34

2 「構造」という側面から――「枠組」をめぐって起きること …… 36
  2・1 時間を区切る ……………………………………… 36

- 2.1.1 付き合える時間 ……… 37
- 2.1.2 こころに向き合えるペースとリズム ……… 37
- 2.1.3 時間枠をめぐっての攻めぎ合い ……… 38
- 2.1.4 面接回数の制限 ……… 38
- 2.1.5 危機介入 ……… 39
- 2.2 面接室という場で起きること ……… 40
- 2.2.1 守られた空間 ……… 40
- 2.2.2 場の同一性 ……… 41
- 2.2.3 枠組みへの揺さぶり ……… 42
- 2.3 面接室の内と外 ……… 42
- 2.3.1 面接の前と後――ウォーミングアップとクールダウン―― ……… 44
- 2.3.2 面接中の内と外――部屋から出ていこうとする動きと制限―― ……… 44
- 2.4 構造のあれこれ ……… 44
- 2.4.1 種々の技法 ……… 46
- 2.4.2 契約（約束ごと） ……… 46
- 2.4.3 メディアと構造――情報化時代の面接構造―― ……… 47
- 2.5 面接室を取り巻く場 ……… 49
- 2.5.1 相談機関内のシステム ……… 51
- 2.5.2 面接と平行するプログラム ……… 51
- 2.5.3 相談機関が設置されている場・コミュニティ ……… 53
- 2.5.4 コンサルテーション ……… 54

10

- 2・6 固い構造と柔らかい構造 59
  - 2・6・1 構造の意味 59
  - 2・6・2 重層的なシステムの中で 61
  - 2・6・3 個人内システムをいかに作っていくか 63
  - 2・6・4 心理臨床家としての一日の組み立て方 64

3 「テーマ」をめぐって――心理臨床の場で扱われること・もの―― 66
- 3・1 主訴をめぐって 66
  - 3・1・1 最初の主訴 66
  - 3・1・2 周囲の主訴・本当の主訴 67
- 3・2 共有されるテーマ――状態像と場の空気―― 69
  - 3・2・1 基本姿勢 69
  - 3・2・2 収集すべき情報――自分の中の「見立て」地図―― 70
  - 3・2・3 生育史とは何か――ストーリーをたどる―― 73
  - 3・2・4 痛みをともなうエピソード 74
  - 3・2・5 聞くに耐えない話 76
  - 3・2・6 ありえないような話 77
  - 3・2・7 つまらないはなし・取るに足らないはなし 78
  - 3・2・8 面接の目標 80
- 3・3 こころ・からだ・あたま 81
  - 3・3・1 バランスと融合 81

- 3.3.2 症状というテーマ……………………………………82
- 3.3.3 心理臨床家にとってのこころ・あたま・からだ
  ………………………………84
- 3.4 テーマの展開・ストーリーを読む……………………86
  - 3.4.1 扱われるべきテーマとは何か……………………86
  - 3.4.2 一コマの面接の中でのテーマ……………………88
  - 3.4.3 経過の中でのテーマ………………………………92
- 3.5 テーマの終結……………………………………………94

4 「関係性」という側面から——人と人とのあいだ——……97
- 4.1 クライエントと専門家…………………………………97
- 4.2 カウンセラーが出来ること……………………………99
  - 4.2.1 この場に一緒にいること…………………………99
  - 4.2.2 聴くこと——いかに聴けるか——………………101
  - 4.2.3 伝えること——いかに伝えるか——……………104
- 4.3 両者のあいだにあるもの………………………………110
  - 4.3.1 異質性と同質性——共感をめぐって——………110
  - 4.3.2 共鳴し合うもの……………………………………112
  - 4.3.3 共有するイメージ…………………………………113
  - 4.3.4 第三者が介在するとき……………………………114
- 4.4 両者のあいだで起こること——出会うことの大きさ——
  ………………………………117
  - 4.4.1 関わりのプロセス…………………………………117

4.4.2　取り入れと相互作用
　　4.4.3　転移・逆転移・投影
　　4.4.4　関係性が問われるとき …………………………………… 120
　4.5　可変的かつ柔軟な関係性 …………………………………………… 121
　　4.5.1　多様な自分を経験すること ………………………………… 123
　　4.5.2　ともに歩む道のり ……………………………………………… 125
　　4.5.3　関係が終わるとき――ひとりで歩むために ……………… 125
                                                                        128

5　新たな地平――ボランティアから学ぶもの ……………………………… 130
　5.1　サポートの本質 ……………………………………………………… 130
　　5.1.1　ボランティアの現在
　　5.1.2　ボランティアの役割・仕事内容――ボランティアとは何か
                                                                        132
　　5.1.3　ボランティアの活動範囲・種類 …………………………… 132
　5.2　ボランティアに必要なもの ……………………………………… 135
　　5.2.1　動機づけ ………………………………………………………… 135
　　5.2.2　求められているものへの理解 ……………………………… 135
　　5.2.3　必要な知識・技能の習得 …………………………………… 136
　　5.2.4　自分らしさの発揮（創造性） ……………………………… 137
　5.3　柔軟な構造・関係性・テーマ――ボランティア経験から …… 137
　　5.3.1　同世代の関わる力――小学生同志のいさかいから ……… 138
　　5.3.2　同質性ゆえの支える力――中高生の話し合いグループでのやりとりから ……… 140

- 5・4 関係性の変容 ... 143
  - 5・4・1 「健常者―障害者(ハンディキャップのある者)」からの変化 ... 144
  - 5・4・2 「奉仕者―享受者」からの変化 ... 144
  - 5・4・3 「専門家―クライエント」からの変化 ... 145
  - 5・4・4 型にはまらない関係性 ... 146
- 5・5 心理臨床への示唆 ... 148

6 専門性とは何か

- 6・1 ひととと会うこの自分 ... 151
  - 6・1・1 ひととと会うことへの怖れ ... 151
  - 6・1・2 ひととと会うことの普遍性 ... 152
- 6・2 コンディションと構え ... 153
- 6・3 ひととをサポートする専門職 ... 155
  - 6・3・1 他職種との関連・相違 ... 155
  - 6・3・2 他職種との連携のために ... 156
  - 6・3・3 何故、心理臨床という職種を選ぶのか ... 158
- 6・4 社会の中での位置づけ ... 159
  - 6・4・1 資格制度をめぐる状況 ... 160
  - 6・4・2 資格を持つということ ... 162
- 6・5 研究と臨床の乖離を生きる ... 166
  - 6・5・1 統計的研究との接点を求めて ... 166

6・5・2 事例研究へのためらい ………… 168
6・5・3 研究活動にまつわる所感 ………… 170
6・5・4 臨床から研究へ ………… 171
6・6 自らのスタイルを作る——所与のシステムの中で—— 173

おわりに—— 176

文献 ………… 179

1 臨床家になるということ

1・1 さまざまな関わりの中で――なぜ、心理臨床家を目指すのか――

1・1・1 心理臨床をめぐる幾分かのとまどい

今日では、心理臨床に関わる大学・大学院の講座があちこちで開設され、教育・研修プログラムもかなり整いつつあります。それは結構なことなのですが、ただときおり、違和感を覚えることがあるのは、大学生の前半くらいの学生さんが「カウンセラーとかセラピストになるつもりなんです」「○○スクールでカウンセリングを学んでいます」「あそこの大学院には○○先生がおられますよね」「先生は何派ですか?」といった言葉を屈託なく投げかけられることがしばしばあることです。

これからこの道を志そうとする若い皆さんにとっては、すでに確立されたグレイドの高い専門職であるというイメージすら持っているのかもしれないとも思います。そして少なからぬ先生方が権威として君臨しているように見えていることにも不思議な気がしています。あるいはお洒落な雑誌に"注目の職業"などと言って紹介されると、大いに面食らうことになります。

そんなに簡単に自分の生き方を決められるはずがないのに、ましてやこのように自分のあり方の根源が問われ、晒される仕事に、あまりに軽やかに参入しようとしているように見えることへの違和感なのかもしれません。

一方、相談に訪れているクライエントの方から「どうしてカウンセラーになったのですか？」「自分にもカウンセラーになれる可能性があるでしょうか？」と問われることが時にあります。しかしその場合にはさほど違和感を持ちません。何故なら、もともと相談に訪れざるをえないようなしんどさを心の中に抱えておられたわけですし、これまでのカウンセリングのプロセスの中で、私という人間との交流を繰り返し、さまざまなことに想いを巡らしておられたであろうことが感じられるからです。

要は、この道を目指す必然性のようなものがどのくらい感じられるかということなのでしょう。そして、実際には前者の場合でも多くの人たちは「こんな自分に本当につとまるのだろうか」というとまどいを隠しつつ、恐る恐る戸口を叩き始めている、その姿がやや見えにくくなっているということなのかとも思います。

1・1・2　ひとを援助したいという気持ち

この世の中で、必ずしもすべてのひとびとが自分らしい人生を幸せに送っているわけ

ではない、そう感じることがあると思います。あるいは身近な家族・親戚・友人等が実際に困難に直面している姿を目の当りにしてきた、さらには自分自身が決して楽な道程を生きてきた訳ではないと感じている人たちもおられるでしょう。

そう思ったときに考えることは何でしょうか。その人が経験した問題の質や内容によっても当然変わってきますが、"困難な立場にいるひとを法律や制度に則って実際に助力すること"だと考える人もいるかも知れません。あるいはもう少し大きな視野から"矛盾を抱えた社会を変えていくこと"になるかも知れませんし、あるいは"ひとを考えること"や"社会を考えること"を通じて、世の中にメッセージを伝えていくことかも知れません。しかし心理臨床に関心を持ったということは、まず"ひとと関わること"をよすがに自分の道を定めたいと思ったということでしょう。困難を抱えたひとびと、あるいは自分や周囲の状況を変えたいと思ったひとびとと直接、会い、関わり、何かをしようと試みることが、自分の希望、資質、適性や指向性と合致するのだとどこかで判断したからこそなのだと思います。実は、上記の選択肢は、自分がこの道に進路を定めていくまでに辿った道筋でもありました。思い起こすのも気恥ずかしいですが、自分の生き方を定め直そうとしていた浪人時代から学部生時代に、幾つもの候補が膨らんではしぼみ、迷いのままに大学院に進学したという経緯があったものでした。

一口に"ひとと関わること"といっても、実にさまざまな関わり方や職業が存在します。例えば、自分の居住している市町村の役所が出している案内をパラパラとめくってみるだけでも「○○相談」という名称の窓口が何十種類も載っていることにびっくりします。医師や看護士、ソーシャルワーカーといった医療関連の種々の専門職は言うまでもなく、福祉の立場でハンディキャップを持ったひとびとの力になろうとするひとびと、あるいは、学校現場で働く教師もまた、ひとと関わることからひとを支えていこうとする職業であるといってもいいはずです。さらにはマッサージやカイロプラクティック等も広い意味で、ひとと関わりひとを援助する職業と言っていいかも知れません。そういった中で何故、心理臨床を選ぶのか、そのことをわれわれは問い直していく必要があるように思います。

余談になりますが、例えば顎の噛み合わせが悪くて歯医者さんの椅子に横たわるときに、「全身に力が入っていますね。最近リラックスしていますか？」と声をかけてもらって、はっと気づいて最近の生活を振り返ってみたことがありました。あるいは、二～三か月に一度、床屋さんに身を任せて、頭髪のみならず、髭を剃ったり、肩を揉んだりしてもらう時には「自分をここまでていねいに扱ってくれるひとがいるんだ」と妙に感激することがあったりします。こういったことと私たちが関わる心理臨床とはどこが違う

のでしょうか。

そのような問いかけがあって始めて、心理臨床の専門性の見定めと、他職種との相違を尊重しあった連携がよりクリアになってくるのではないでしょうか。

1・2　日常の中でのサポート

またもう一方の観点は、何故わざわざ心理臨床という専門職を設けなければ、ひとをサポート出来ないのか、あるいはカウンセリングとかセラピーという特別な状況を用意しなければ、心理的な問題にアプローチできないのか？という問題提起もありえるということです。

ひとはひとの中で生きていくし、その中で育っていく存在です。もちろんその中で、時に傷ついてしまうこともある訳ですが、多くの場合、家族や友人、先生や先輩などの親身な、あるいは何気ない一言に、大きな励ましと力をもらっているはずです。そのような相互に支え合える人間関係を構築していくこと、あるいは、そのような人間関係に満ちたコミュニティに変えていく努力を惜しまないこと、何よりも、お互いがそのような人間に育っていけるよう、自らをより大きな人間に変えていくことが最も大切なことのように思います。そのために何が必要なのかをまず考えていくことの方が優先するは

ずです。ひとをサポートするあり方はきわめて多彩かつ重層的なものであって、心理臨床という領域があらかじめ存在していて、その考え方や援助方法の枠組みにひとをあてはめる、ということでは決してないはずだからです。

心理臨床の世界に触れ始めた大学四年生から大学院修士課程にかけてのこだわりの一端は、この辺にあったように思います。「心理臨床という領域にとってつもなく魅かれる気持ちを持ちながらも、どこかで踏み込めない、腑に落ちない、自分にやれるのかどうかも見当もつかない」という自分が抱いていた思いは、今も形を変えて残存しているように思います。

今になっておもしろいと思うのは、二〇年近くも前の私の卒業論文は「二者関係における自己概念と適応」というありふれたタイトルなのですが、もとの問題意識は、なぜ日常生活の中でひとびとが支え合えないのかというところから来ていました。赤面ものですが"相談しやすさ""相談されやすさ"という概念を創作して、ひとはどういう場面・状況でどういう特性のあるひとに相談しようとするのかを実証的に検討しようとしたのです。実はその時に指導して下さった先輩の一人が編者でもある飯長先生なのですが、「心理学で言うところの自己開示と絡めて…」等々何とか形になる方向を探って下さいました。別の先輩にも示唆を頂いて、結局、友人関係にある大学生二人組を四〇何組

集めて、各ペアに"現実自己（今の自分をどう思うか）""友人自己（ペアの友人からどう思われていると思うか）""他者評定（実際にペアの友人がどう見ているか）"の3種の評定を同室で行なってもらい、相関係数の組み合わせの中で、関係性を比較検討するというものになったのです。結果をみると、自己イメージと他者イメージがそこそこ一致している人が多かったのですが、中には何故ここまで一致するのかという裏表のないひともいれば、まったく異なった自分を表現しようとしているひともいる、さらにはいくら振舞っても友人はしっかりとそのひとの本来的な姿を把握していることもあったりと、友人関係の中でもいろんな様相があることが分かって個人的には興味深かったのですが、当初の問題意識とは少々離れたものになっていきました。

それでも心理臨床という領域が成立しうることや、しかもなぜこの自分がその領域のプロとして生きていこうとするのかについて何年か思いを巡らせていくうちに、徐々に分かってきたことは、

1) ひとの心理的な問題がそれだけ複雑であるということ、そしてそこから変わっていくことは時にとっても困難なことであり、それなりの条件が必要であること

2) 日常的に交流のある人との関係を新たに変えていくことは意外と難しく、新しく出会う人間関係だからこそ出来る場合があること

ということになるでしょうか。

ただ、少々理想論のようになってしまいますが、身近な人間をサポート出来ない人間が、こころの専門家として偉そうな行ないをすることははなはだおこがましいことのように初心のころは感じていたように思います。

1・3 擬似的な臨床経験 ── 家庭訪問・ボランティア・エンカウンター ──

多くの心理臨床家の育ちと学びのプロセスにおいて、さまざまな場面でひとと関わってきた経験が自分のスタイルを確立していく礎となっていると思います。面接室での入門的なロールプレイや試行カウンセリングはその一つですが、二〇代のころの私にとっては治療者的な役割を担っての家庭教師の経験、あるいはボランティアとしての関わり等が、とくに大きな意味を持っていました。これらの経験の重みを思うとき、むしろ、きちんとした面接室の中で、約束した一時間の間だけ耳を傾けていれば良い、心理臨床的な面接の方がはるかに楽であるように感じたこともありました。

前者であれば、契約が二時間となっていても、子供の自宅に乗り込んでの関わりですから、言わば相手のホームグラウンド、マンガにゲーム、ビデオや音楽と次から次へと引き留める手段が持ち出されます。また本人のみならず、母親、時には父親やご近所の

おじさん・おばさんまで登場して、その中で一介の学生上がりの若造が何を出来るのか、すったもんだの末にやっとの思いで帰途に着くということの繰り返しであったように思います。ボランティアについては章を改めて詳述したいと思いますが、人里離れた山間のキャンプの場で、朝から晩まで、就寝時間も含めて子供たちとフルにつきあう経験が、自分を鍛えてくれたように思います。

また、心理臨床的な感性を問い、発揮する場として、エンカウンターグループへの参加経験はきわめて貴重なものでした。かつての隆盛だった時代に比べると参加者が減少傾向にあり、開催期間が短くなっているように思われますが、それでも三日から五日間ぐらいも、日常生活を離れて、多くの見知らぬメンバーと交流しようとする試みには「いったいこの先どうなるのだろうか」という不安を抱えつつ、生身の自分一人で、その場で起きるすべてのことに立ち向かわなければならないのだという種の覚悟を持って臨む場でした。自分の意見や感情の表明を、より積極的に行なわなければひとには理解してもらえないのだということ、さらに、自分の感覚とひとの感覚との相違を再確認するまたとない機会であったように思います。また、どうにも身動きが取れないでいる時に、(決して専門家ではない) 他者によって援助される経験も変えがたいもののように思います。時には「何故あなたはカウンセラーなどというおこがましい仕事に就こうと

するのですか？」とダイレクトに問われ、すぐには言葉が出ずに右往左往することもありました。こういった状況は、ファシリテーターとしての参加がほとんどになった現在でも、本質的にはほとんど変わっていないように思います。

最近の風潮では、臨床家を志す若い人たちが"早くに専門家になること"を求めているような、言い換えれば、クライエント的な立場とカウンセラー的な立場があるとして、自分は専門家の立場に立ちたい、明確にカウンセラー的な役割を果たしたいと考えているような傾向が近年強くなっているようにも思います。ひととひととの間柄は、相互的なものであって、暗黙のうちに一方の側に立とうとすること自体が、望ましいものではないですし、場合によっては臨床家としての育ちを阻害してしまうのではないかという気がします。

1) 繰り返しになりますが、面接室に限定されない臨床的な経験がもたらす効果として、緩やかな、十分には守られてはいない場と時間の中での関わりのしんどさを味わうとともに、自ら場と時間を区切っていくことを学ぶ

2) 他のだれでもないこの自分が、一人の人間として、自分の感覚と思考を総動員して関わる

3) 複数のひとびとの行動・反応・感情表明・意見表明の相違を体験する

4) 会話によるコミュニケーションのみではなく、種々のルートを通じての交流が多面的になされる

5) 助け、助けられるという相互的な交流がなされる

という代えがたい経験となります。もっとも、これらは本来的には日常生活の中でも生じているはずのことではありますが、あえて設定された場であるからこそ、そのことをかなりの程度集中的に経験できるということなのでしょう。

1・4　先達の教え

これまで心理臨床の世界にある程度触れてこられた方がたならば、理論的学習と体験的学習を、それぞれの所属する場で、あるいはみずから求めた学びの場で、繰り返ししてきたことと思います。

1・4・1　理論から学べること

理論面で言えば、現代的な諸問題の理解と介入方法は別として、人間理解の基本的枠組と心理療法の枠組は、諸外国およびわが国の先達の実践と著作によってほとんど記されていて、改めて述べられることはほとんどないように思います。それにしては、あれ

ほどのカウンセリング関係の著作や論文が溢れているのは実に不思議なことですが、そ れはおそらくは、クライエントの側の個別性と多様性ゆえに事例に基づいた記述は無尽 蔵であること、カウンセラーの個別的な成長と気づきに伴ってそのたびに文章化 することもまたありえること、の二点によるのではないかなと思います。新しいことな どほとんどない、とまで言ってしまうのは少々横暴ですし、また、新しい理論的枠組み や介入法への発展の芽を摘んでしまうことにもなりますので、研究や著述は奨励される べきだとは思います（この点に関してはまた第6章において詳述します）。

また、使い古されたように思われる理論体系や面接技法の説明も、その時どきの自分 の状態とそれまでの経験で、いくらでも深みを増して感じられてくるものだということ もだんだん分かってくるようになります。例えば講義や研修会でお話させて頂く機会が 徐々に増えるごとに、学んできた体系や技法を齟齬し直すことによって、話をしている 自分の側に新たな気づきが生じ、より実感のともなう理解に質的に変容していくことが あります。

まだ心理臨床の世界に入って数年しか立っていなかったころに、ある事例検討会で、 境界例と判断された青年との歩みを報告したころに、ただ愚直なまでの姿勢でクライエ ントに応答するしかなかった自分に対して、はるか大先輩が「やっぱりクライエントセ

1　臨床家になるということ

ンタードでていねいに対応することが意味を成すときがあるのだなあ」とため息まじりに言って下さったときがありました。そのときは意外に思っていたことが改めて新鮮に染み入ってくるに埋もれている状況の中では当たり前と思っていたことが改めて新鮮に染み入ってくる場合があるのだということが、今なら分かるようになってきました。とにかく基本をしっかりと繰り返し刻み込むことなのでしょう。

1・4・2　関わりの中で学ぶこと

　時に "実践＝科学" とも言われ、また職人芸のようにも思われるこの領域では、こつこつと実践を積み上げていくことが何よりも大切でしょう。われわれは、カウンセラーあるいはセラピスト、心理臨床家を志すのであって、気のきいたコメンテーターやスーパーバイザー、研究者になることをあらかじめ求めていたわけではないはずだからです。実践の中から研究に繋がるものをいかに導き出せるかは、未だにこの領域の大きな課題であり続けています。

　そんな中で、"師" というのはおおげさでも、あこがれの臨床家という存在が結構だれにもあるのではないでしょうか。大学院なりカウンセリング研修所なりで、そこの指導的立場にある方が、どのような個性と教育方針をもっておられるか、またその方の実

際の臨床場面での姿勢、ケースカンファレンスでの言動、といったものが、学びの途にあるひとびとに多大な影響を与えていることは間違いありません。これは、近年の学校臨床心理学的な見地からの、要請特性とのマッチングという問題とも絡んでくるでしょう。学びの途上にある若いひとが心理臨床家に対する適性があるかどうかの判断はきわめて難しい問題です。訓練も実践もあくまでも相互的な関係の中で行なわれることですから、どんなに力量のある指導者でも、適・不適を決定することは簡単にはできないことでしょうし、逆に指導的立場にある自分の用意した教育環境もまた吟味されなければならない訳ですから、大変だなあと正直思います。

同様に、ひとと関わろうとする自分を振り返るスーパーバイズや教育分析の経験は、心理臨床の領域では必須ですが、その関係性の中で生じていることには常に注意を払っておく必要があります。話を聞いて下さる先生に頼りすぎている自分、恐れている自分、評価されているかどうかに過敏な自分、著名な先生にバイザーになっていただいていることへの誇りとやっかみ、等々、クライエント理解やカウンセリング関係への洞察の作業と同時並行的に、実に種々の想念が生じてきます。これらの感情をいかに納め、成長に生かしていけるかも、大事なことでしょう。

私の経験でも、夜寝ようと思って蒲団に入っても、天井にスーパーバイザーの顔が浮

かんできてなかなか寝つけない、ということがありました。さらに引き続いてカウンセリングの場で（スーパーバイズを受けていたケースではありませんでしたが）、クライエントから「実は昨晩、カウンセラーの顔が突然浮かんできて、それもいつもはニコニコしておられるのに、そのときに限ってとても恐い顔で怒っていたんです…」という表明を受けて驚いたことがありました。なるほど二者関係の中で、密なコミュニケーションを続けていくとこういうことが起きるのかとまじまじと実感したものでした。

ただ、私たちの時代までは、身近に「こんな感じでやればいいんだ」あるいは「こんな臨床家になりたい」というモデルになる先輩の存在がまだ多くはなかったように思います。またたとえモデルとなりうる方がたが周囲におられたとしても、結局は、自分の生来のあり方を知り、これを生かして、独自のスタイルを作っていくしかないことになるはずです。

1・5 ひとと会うということ――経験の中からの視点「構造」「関係性」「テーマ」――

さて、ここまで述べてきた経験と思考のもとに、いよいよ本論に入っていく訳ですが、「心理臨床」という領域を専門的な知識と技術と経験を要するものと認めつつも、どこかで相対化しつつ臨んでいる筆者の姿勢が幾分かでも察していただけたでしょうか。

私たちの生活するこの社会においては、ひととと関わることで相手の成長・回復や問題解決を援助するさまざまな職種が存在します。また、日常生活の中でのひととひととの当たり前の関わりの中でも、実に多様で複雑な交流がなされ、意識的・無意識的な援助的な、または成長促進的な側面が含まれていることは間違いがありません。「心理臨床」はそれらの中からあるエッセンスを取りだし、提供しようとする試みと言ってもよいかも知れません。「心理臨床」あるいは援助的な関わり全般を考察するさいに、何が特有のものなのかを見定めていく視点として、私の中に経験的に生じてきたものが以下の三つの視点です。

A「構造」

心理臨床への素朴な疑問としてまず感じたことは、なぜこのような人工的な場の設定がなされなければならないのか？というものでした。また多くの心理臨床家がクライエントや他業種の方々から聞かれることでもあると思います。どこの場所で会うのか、一回の面接はどのくらいの時間か、面接は何回まで可能なのか、それぞれが果たすべき約束は何なのか、料金や規約はどうなっているのか、等々、話し合いの場を規定するさまざまな条件が思い浮かびます。

また面接室のみならず、その面接状況を取り巻く地域社会や病院、学校コミュニティといったものも、外界と面接を隔てるひとまわり大きな構造をなしていると考えることが出来ます。

それらの構造をどのような性質のものと規定して、カウンセラーはひととと会おうとするのか。"固い―緩やか""固定的―変動的""日常性―非日常性"といった軸で考えることが出来るでしょうか。もちろんこれは心理臨床家が働く場の条件によって規定されるものでもあります。各種の心理臨床の理論は、この「構造」の捉え方や作り方、用い方が極めて大きな要素となっているといっていいでしょう。ただ、心理臨床家が当たり前のこととして無条件に守られてしかるべきと思いがちな「構造」のあり方が、一般にはかなり特殊なものに映るという事実も押さえておきたいと思います。

B「関係性」

カウンセリングはひととひととが出会って初めて成立することであり、その関係の性質がほとんど全てであるといっても良いくらいでしょう。日常的な場合においても家族関係や友人関係から、立場の違いが明確な、教師―生徒関係、職場の上司―部下の関係、さらにはお互いの合意によって成立する契約関係などがあり、それによって提供しうる

援助の様式が異なってくると考えられます。これらと関係して、面接場面においても"権威的―対等的""積極的―受動的""閉鎖的―開放的""中立―親密"等、カウンセラーがクライエントとどのような質の関係性を提供しようとするのかが、面接のゆくえに大きな影響を与えることになります。またこれらは、クライエントあるいはカウンセラーそれぞれが日常生活で結んでいる周囲のひとびととの人間関係の質とあいまって、時にきわめて複雑な様相を示すことにもなります。

C「テーマ」

われわれがひとを援助しようとするさいに、何に焦点をあてて働きかけようとするのか、ある「構造」の中で出会った二人以上の人間が結ぶ「関係性」の中で、何を話題・テーマとして取り上げることになるのか、ということです。進路、性格、対人関係、心身の不調等々、具体的なものから漠然としたもの、さらにはきわめて特殊なことまであり得ますが、当然最初にクライエントが訴えてくる問題が出発点となります。しかしこころの内界に目を向けるのか―現実的な外界に目を向けるのか、といった軸を中心に、面接の進展とととともに表に浮かび上がってくるものもあるでしょうし、カウンセラー側がクライエントの訴えとは別個に目を向ける事柄もあるかも知れません。心理面の理解

においては各種の人格理論が援用されますが、その他にも社会的な側面、生理的・身体的な側面等、その個人にとって大切なテーマをいかに取り扱い、理解していくか、さらには変容の方向性をどのように設定するかということが面接の課題になってきます。

次章からこの三つの視点を柱に話を進めていくことになります。なお、援助する側の呼び方としておおよそ、面接場面ではカウンセラー、プレイセラピーにおいてはセラピスト、全体的にまとめて述べているときには臨床家または心理臨床家という名称を使っています。

2 「構造」という側面から
——「枠組み」をめぐって起きること——

本章では、「構造」すなわちカウンセリングにともなう決まりごとや枠組みについて、種々の側面から考えてみたいと思います。

2・1 時間を区切る

通常、心理療法では、とめどなく面接時間を取ることはありません。おおよそどこでも基本的に一回あたりの面接時間は一時間あるいは五〇分ということが多いようです。もちろんとても相談件数の多いところ、とくに病院臨床の場合には、もっと細かい時間割りで割り振りしなくてはならないこともしばしばですが、約束の時間とその長さはあらかじめカウンセラーとクライエントとの間で確認されることになります。また、継続相談となった場合、面接の間隔は、一週間に一度という形をベースに、二週間に一度とか一か月に一度とか暦にしたがった形で決めることが多いようです。

初心者のころは結構この時間枠というものが私を悩ませたものでした。プレイセラピ

—であれば、子どもはもっと遊びたがりますし、なかなか語らない思春期の中学生・高校生がようやく口を開き始めて話が弾み出したころになど、いつも切るに切れなくて、切ない思いをしたものでした。日常の中での出会いならば、「もう少し自分は大丈夫だから…」「せっかくいい感じになってきたから…」ときっと即座に時間を延長したことでしょう。(実際、家庭教師などでは、とくに切ることが苦手な私は、しばしば終電まで付き合ったりしていたものでした。)

しかし何故一時間なのか、あるいはなぜ一週間に一度なのでしょうか。

現実的に、カウンセリング機関の都合として、いつまでも面接室を占領しておく訳にはいかないでしょう。他のクライエントがすでに待っているかもしれませんし、まして複数の相談員が勤務している場合には、一人で融通を利かせるわけにはいきません。

時間を区切ることについて考えられるいくつかの点について順にまとめておきましょう。

2・1・1 付き合える時間

まず、きちんとひとと付き合える時間の長さというのが人間には限られているのだろうという感触はあります。思考力や感性をフルに動員して行なう営みですから、集中力が続く時間には限界があります。もちろんその前に、やっとの思いで来談したクライエ

ントが、自分の抱えている諸問題について目を向け続けることは決して楽な作業ではないのだということにも思いを馳せる必要があるでしょう。その集中力の続く時間の長さはひとによってまちまちですし、とくにクライエントの状態像から判断して、付き合える適切な時間の長さが決まってくることは言うまでもありません。ただ一時間枠というものが、私たちの生活のリズムに合致したあり方でもあるのでしょう。

2・1・2 こころに向き合えるペースとリズム

同様に、いったんこころの問題とその周辺に目を向けた後は、ブレイクを入れてあげた方が良いということもあるのだと思います。よほどの余裕があるか、あるいはよほどの覚悟があるときでないと、現実生活を何日間も中断する訳にはいきません。そうであれば、一週間単位で定期的にお会いするというのは、どこまでが人為的でどこまでが生体リズムに拠っているのかは何とも言えませんが、少なくとも私たちの社会生活のうえでは、自然に受け入れやすいものと言えます。

2・1・3 時間枠をめぐっての攻めぎ合い

またとくにプレイセラピーでしばしば経験したことですが、もっと遊び続けることを

2・1・4 面接回数の制限

あらかじめ問題解決のための面接回数を予測することはほとんど不可能ですが、近年では回数を最初から限定したうえで会う時間制限の心理療法も行なわれるようになってきました。集団療法やエンカウンターグループではもともとセッション数が当初から銘記されていることの方が多いでしょう。またとくにそのように銘打たなくとも、クライエントの転勤・転居、担当者の移動といった不可抗力も生じますし、学校組織に関連するスクールカウンセラーや大学の学生相談の場合には、学期や学年、そして卒業という

せがむ子どもについ負けそうになる気持ちと戦いつつ、なだめたりすかしているうちに、そのことがだんだん二人の間のゲームのようになったり、感情の表明の機会になったりということが生じてきます。制限があることで生じる攻めぎ合い、そこで起こるやりとりに実は深い意味が含まれることがあります。恐らくこれは成人の面接でも同様でしょう。

あるいは約束の時間に遅れてくる場合や現れない場合には、"抵抗" という言葉を持ち出すまでもなく、それまでの面接の意味を問い直し、クライエントのあり方やこころの様相を推し量る重要なきっかけとなります。

時間的な流れや制限が影響します。

その時間的な流れの中で自分がどの位置にいて、どのくらいの心理的作業をこなせるのかが、お互いに意識されること、それゆえ展開が促進されることがありうることを押さえておきたいと思います。

2・1・5　危機介入

ただし緊急時、いわゆる危機介入の場合には、事態は全く変わってきます。急性の混乱状態や突発的な事件がうかがえる場合には、時間枠を思い切って取っ払う必要があります。現実生活が可能なところまで（または心理療法が可能な状態まで）復帰するための、ひとまずの個人の状態の回復と、環境の調整が何よりも優先します。その判断は慎重になされますが、一度危機介入モードへ切り替えたならば、時間枠の変更・撤廃は大胆に実行される必要があります。ときにカウンセラーの肝の座り方が試される時でもあります。

2・2　**面接室という場で起こること**

今度は、時間と同様に極めて大切な「構造」となる、空間的な枠組について考えて

みましょう。

2・2・1 守られた空間

日常場面でも、出来るだけ静かで落ち着いた場所で、他者の目が気にならないところで話したい・話を聞きたい、というのは当然のことでしょう。やっとの思いで心の中に押し込めてあった想いを語ろうとする方からすれば、わずかな物音やひとの気配にも身を固く閉ざしてしまいかねません。ましてや面接中に他の人びとが入室してきたり、窓からのぞき込まれたりすると、クライエントはもちろんのこと、カウンセラーはとても落ち着かなくなります。クライエント以上に過敏になっている場合もあるようです。しかしそれ以上に、私たち心理臨床家が面接室あるいはプレイルームという場をある種〝神聖不可侵なもの〟と見ているように映ることが周囲のひとびとにはあるようです。これは話の流れが途切れるばかりでなく、二人の間に漂い始めていた共存的雰囲気が壊れてしまうことへの恐れなのでしょう。クライエントと共に居るこの場を安心できる所として守るために、その敏感さは必要不可欠な資質とは言えるでしょうが、一歩進んで、外部からの侵入がカウンセリングに影響してしまうことを、いかに周囲の方がたに理解してもらえるかも、大切な作業となります。

2・2・2　場の同一性

臨床的には、場の同一性が保たれていることの大切さを感じることがよくあります。プレイセラピーに通うようになった子どもが、毎回部屋に入るたびに「あ、またおんなじだ！」と時に不思議そうに、時に嬉しそうに叫ぶ姿を目にすることがあります。約束の時間に来ると、いつもと同じ部屋の風景・同じおもちゃ・同じ光の加減、そして同じセラピスト…、そのことが子どもの安心感に大きく作用します。これらが土台になってプレイのテーマが展開することになります。それだけにプレイセラピストは、調度品やおもちゃの選定、プレイ前後の準備と後片づけに気を配ります。またやむをえない理由でいつもの部屋が使えないときに、セラピストとクライエントがどのような反応を見せるかは、お互いの状態像や関係性を計る材料になるとも言えます。そのような事態や、不意の来訪者や電話連絡等も、セラピストやカウンセラーの側でゆったりと構え、短く穏やかに対応した後に、事情を説明したうえで「ところで○○についての話だったよね…」と戻すことで、その影響を最小限にとどめることも役割の一つかと思います。

2・2・3　枠組みへの揺さぶり

一方、クライエントによっては場と時間の枠組みを強烈に揺さぶってくる方もいます。

同様の経験を持つカウンセラーは少なくないと思いますが、かつてある青年に「私の問題はこんなにも大変なんだ！一時間ではとても足りない、もっと長く、そして一週間に何度でもあちこちで会ってくれていいはずだ！」と凄むように睨まれたことがあります。こちらも覚悟を決めて一歩もひかず見つめかえしているうちに、あろうことかその青年の座っていた椅子の足がメリメリッと音を立てて崩れるようにひしゃげ折れ、その拍子に青年は面接室を転げ回るという事態になったことがありました。双方にとって一瞬あっけに取られるような出来事でしたが、その結果お互いに我を取りもどすかのごとくその回の面接を何とか終了することが出来たのでした。そして徐々にではありますが、次回以後は面接構造を守るようになっていかれ、それにともなって社会的にも適応的になっていくという経緯に繋がっていきました。あたかも面接室の椅子が"からだを張って"場全体を守ってくれたかのようなエピソードですが"この構造にクライエントもカウンセラーも大いに守られている。そして治療的かつ成長促進的に作用しているのだ"ということを思い知らされた一瞬でもありました。

2・3 面接室の内と外

2・3・1 面接の前と後——ウォーミングアップとクールダウン——

たいていのクライエントはどこかで時間を調整しておおよそ約束の時間に相談機関に現れることが多いかと思いますが、それまでに来談をためらったり思いを巡らしたりと、気持ちを行きつ戻りつしながらカウンセラーの前に現れているのだと思います。「このことを話したいと思って、この時間を待ち遠しく思っていました」という場合もあれば「今日は何を話したら良いかと思って何も浮かばなくて…わざわざお忙しい時間を取って頂くのも申し訳なくて」という場合もあるでしょう。その方の一週間の日常生活が、一時間の面接場面の中に徐々に流れ込んで集約されていくようなイメージでしょうか。いずれにしろ日常とは何かが異なる特別の場として意識され位置づけられていることは間違いありません。そして一時間後には何らかの解放感を得て、あるいは頭をひねりながら、種々の考えと感情に浸りつつ、帰途につかれることになります。

ある小学生は、プレイセラピーに通ってくる際に、必ず三〇分ほど前に来て待合室で好きなマンガを読み、約束の時間きっかりに顔を上げてセラピストとともにプレイルームに入り、プレイ終了後にも同じように二〇〜三〇分マンガを読んでから帰るということを繰り返していました。あたかもサッカー選手が試合前後にウォーミングアップとク

ールダウンを丹念に施すのと同じような感覚なのかなとも思います。プレイルームあるいは面接室は試合や合同練習が行なわれるピッチ（芝生のグラウンド）のような場になることがあるのでしょう。成人の場合でも、行き帰りの電車の中や立ち寄った喫茶店でのひとときが、そのような時間として位置づけられているかもしれません。

2・3・2　面接中の内と外——部屋から出ていこうとする動きと制限——

思春期以降のクライエントが、約束した時間内にも関わらず、面接室から出ようとする時は、不満や抵抗の現れという場合が多いかと思いますが、かなり深刻な事態も想定されますので、カウンセラーにとっては勝負どころという意識が必要でしょうし、しばらくして落ち着いたところでなぜこのような事態が生じているのかを考えることが求められます。そして言語的にやりとりが可能なようにもっていくことが大切でしょう。

しかし、プレイセラピーの場合にはしばしばセラピストを悩ます事態が生じます。ある子どもは、毎回プレイが始まってからしばらくしてかならずといっていいくらいにトイレに駆け込みました。"何であらかじめ行っておかないのだろう？"と不思議に思っていたのですが、何回か重ねるうちに、プレイセラピーの空間に入って始めて安心した心持ちになって、用を足せるのだということに気がついたことがありました。あるいは

プレイの最中に突然室外へ飛び出して、ときには近くの公園をぐるっとひとまわりしたり、怒られない範囲で建物の階段を駆け上がったりとこちらをはらはらさせることもありました。もちろん原則的には「この室内でアソボウヨ！」というメッセージを伝え続けるのですが、プレイの展開や本人の表情・様子から思い切って構造を破ることに付き合っていくことが、結果的に大きな促進要因になったこともありました。枠があるからこそ守られ、制限があるからこそそこを越えていくことに大きな意味が出てくるのでしょう。もちろん青年期以降のクライエントとの関わりにおいても（キャッチボールとか散歩とかという具合に）このような交流はありえないことではないだろうと思います。

2・4　構造のあれこれ

構造あるいは枠組みというキーワードから連想されることは、時間や場に関することだけではありません。様ざまな要素が、面接を規定する枠組みとして作用しています。

2・4・1　種々の技法

例えば描画を用いた種々の技法が工夫されてきていますが、そのさいに枠組を画用紙の周辺にあらかじめ設けるかどうかで表現される世界やその後の展開が異なってくるこ

とがあります。制限のあることの安心感、拡散せずにその場に取り組める、といった作用は、心理療法の構造と共通する側面があるでしょう。

箱庭も、その大きさと深さ、色合いの妙には感心しますが、その枠組のあり方ゆえに、自己表現と交流の場としての機能を果たしているのだと考えられます。

2・4・2 契約（約束ごと）

ここまで述べた時間や場の規定のみならず、カウンセリングにおいては種々の約束ごとや制限が設定されています。その最たるものは料金でしょう。無料なのか、安価で済むのか、かなりの額が求められるのかは、そこで相談を受けることが、あるいは継続していくことが可能なのかどうかを決定する要因になりえます。あるいは、対象者に関する規定、すなわち教育相談ならば中学生以下の生徒とその関係者、スクールカウンセリングや学生相談ならば所属する学校の生徒・学生とその関係者、といったこともひとつの制限でしょう。

また禁止事項として、お互いの身に危害を加えてはならないこと、面接室やプレイルームの備品を破損してはいけないこと等があるでしょうし、あるいは基本的な心構えとして、それぞれが問題解決のために努力すること、面接において知りえた秘密は必ず守

られること、了解なく他者と連絡をとることはないということ、面接室以外の場では会わないこと、といったことも（すべてを確認し合うことはないにしても）含まれるかも知れません。

このような事柄をときに破りたくなる気持ちが、クライエントの側にも、場合によっては臨床家の側にも生じてくることがあります。"決まっていることだから…"と頭ごなしにその考えを否定したりするのではなく、なぜそのような気持ちが生じてくるのかを、振り返って考えてみることが必要でしょう。そして改めて、これらの約束ごとが、両者を守ってくれていることが明らかになることもあるでしょうし、面接が進展する材料を提供してくれる場合もあるでしょう。

「契約」という言葉はどうにも固くて私には未だに馴染めないのですが、ひととひとが関わる際に、必要な"約束ごと"なんだとして考えると、日常的感覚と専門的知識が合わさったものと自分なりに形成していくことも出来るようになってきました。また「構造」をめぐる諸問題は当然、カウンセリングにおける関係性にも大きな影響を及ぼすことになります。

2・4・3 メディアと構造 ── 情報化時代の面接構造 ──

基本的には、ひととひととが直接に面談することから、サポートの本質を積み上げていきたいと思いますし、そのために必要な「構造」を設定・工夫することになります。

しかし、今日では、各種のメディアが発達し、これらが面接構造に大きな影響を及ぼしています。

クライエントからの電話が、他のクライエントと会っているときにかかってきたらどうするか、あいだに入る受付業務の方がいるか、留守番電話なのか、それとも面接中でも受話器を取るのか、等々、迷うことがあります。また逆にこちらから急に連絡をしなくてはいけなくなったときに、自宅へかけてよいものかどうかもとても迷います。また居るはずなのに留守番電話から"ただいま…"とメッセージが流れることも多いのですが、引きこもっている方にとっては、自分を守ってくれている側面もあるでしょう。

電話に抵抗がある場合は手紙やFAXで連絡を取り合うことになりますが、その場合も最初に目に留めるのはだれなのか、封筒を開いて読もうとするさいの抵抗感やとまどいはどうか、どのような文面・字体で書くか、カウンセラーを感じさせる現物が手元に残ることの意味、等々にこころを砕きます。しばらく来談が途切れていた方に手紙を出したら、封を切らず、文面も読んではいないけれども、おおよその趣旨は見当がついた

ので、いつも来ていた日時にやってきた、ということがあったりしました。

近年急速に普及した電子メールについては、その利便性は疑いの余地もありませんし、敷居が低いことで相談には訪れることが出来なくとも交流できるメリットもありますが、一方で、画面を通じてのやりとりが本心を見えにくくしたり、過剰な表現になりうる場合があり、またどこかプライベートな色彩を帯びた交流になりうること、等々の危惧も覚えます。

メディアが入り込んでくるさいの留意点を簡単にまとめると、

1) 交流のルートが複線化することで、交流内容が使い分けされることがメリットになることもあるが、

2) 面接の位置づけが薄まり、事態を混乱させることがあり、

3) クライエント側の自己表明がとめどないものになったり、

4) カウンセラー側のキャパシティを容易に越えてしまいかねないというデメリットがあるということでしょうか。

ただ、直接にお会いする面接を大事な場にしていくこと、すなわち、ひととひとが直接会うことを、そのことによって出来ることを大切にしていきたいという個人的な指向性が反映されていることを自覚しておきたいと思います。

2・5 面接室を取り巻く場

クライエントと会う面接室は、いくつかのシステムの中に含み込まれたものとして、場合によっては何重にも囲まれ、守られて存在していることの方が多いでしょう。ひとと会う場がどのような上位システムの中に組み込まれ、位置づけられているのかといったことも、大きな構造をなしていると考えられます。本節では、内側から順にそのシステムを考えてみましょう。

2・5・1 相談機関内のシステム

まず、相談機関自体が一つのシステムを成しているわけですから、他にどんな部屋があって、スタッフ構成はどのようになっているのか、相談機関としての方針はどのようなものであるのか、そういった事柄も、面接に対して何らかの影響を直接にあるいは間接に与えているはずです。

物理的には、入室可能なスペースがどこまでか、談話室やグループワークの場が設けられているのか、といったことも含めて、クライエントはどの範囲までが利用可能な資源であるのかの制限がかかることになります。

人的なことを考えれば、例えば、受付・連絡担当の者がどの程度クライエントとやり

とりをするのか、というのもなかなか難しい問題です。挨拶や世間話程度ならばよいでしょうが、カウンセリング場面ではなかなか語られなかったような内容をクライエントが受付の人にしていた場合、カウンセラーの情報交換としては穏やかでいられない場合もあるかもしれません。受付の人とカウンセラーの情報交換で今後にプラスに生かしていきたいところですが、ときに行き違いも生じるようです。構造を守りにくいクライエントの人柄ゆえと考えられるのか、それまでの面接の展開ゆえに生じている抵抗なのか、逆に関わる人の広がりはクライエントに対する認識不足によるのか、入院・収容施設であればなおさらチームでの関わりが大切になるでしょう）、等をきちんと考えていくことになります。

その他、カウンセリング担当者の決定や交代はどのように決まるのか、めったにあることではないでしょうが（法律的にあるいは倫理的に）カウンセリング関係を越えた問題が生じた場合の機関の責任者の役割、といったことも相談機関内のシステムとして、考慮されなければなりません。いずれにしろしばしば機関内のチームワークがケースマネジメントに影響することがあります。多くのスタッフに関わろうとし、スタッフの関係の歪みを見事なまでに増幅し、時に利用しようとしているように見えるクライエントもいない訳ではないので、注意が必要です。

2・5・2　面接と並行するプログラム

心理臨床の出発点は、個人に焦点をあてた相談活動と言って良いでしょうが、並行して集団心理療法、各種のエンカウンターグループや心理教育プログラム、デイケア的な行事、等にクライエントが参加することがあります。

個人面接の担当カウンセラーが、それらの行事にもスタッフとして参加するかどうかが、各行事の趣旨・目的そして構造が、そのクライエントにとって適したものであるかどうかを事前に検討することは必須でしょう。

同様にカウンセラーにとっても、面接室で一対一で会うのとは異なった配慮が必要になります。かつてあるエンカウンターグループ合宿に参加していたときのことですが、話し合いのセッションを終えて、夜の懇親会の席に移ったときに、私としてはいつもと変わらずに（むしろ少々押さえ目に）話していたつもりだったのですが、クライエントの方からはまったく違ってにぎやかに騒いでいるように映ったようで「おいおい、斎藤さんって、あんなひとだったのかよ…」とため息をつかれ、"しまった…"と大いに焦ったことがあります。

カウンセラーという一人の人間が多様な側面を持っているのだということを受け入れ

てもらえれば良い訳ですが、それはクライエントの心理状態やそれまでの面接の展開によっては困難なことがあります。食事やお風呂、種々のリクリエーションといった、日常的な側面を共にするということ、また他のクライエントや参加者との関り合いを目の当りにする機会が多々あること、といった点は、面接構造を大きく変えていくことでもあります。そのことの意義と留意点については、十分な配慮が必要なのだと思い知った瞬間でもありました。

2・5・3 相談機関が設置されている場・コミュニティ

さらに面接構造は、その相談機関がどのような場に設置されているかによっても変わってきます。

スクールカウンセリングや学生相談、企業内の相談室などのように、クライエントが生活する空間の中にある相談機関であれば、利点として、身近に感じて相談に訪れやすい場合があるでしょうし、その場に固有の諸問題にも精通していくことになるので、問題の解決が容易になるかも知れません。一方で、相談に通っているところを知っている人に見られてしまうのではないか、相談内容が関係者に知られてしまうことはないのだろうか、という心配が生じやすいという側面もあります。このあたりは、面接の初期に、

あるいは必要に応じて保証しておく必要があります。
そもそも、カウンセリングに対して理解のある風土かどうか、具体的な支援がどの程度得られる場なのか、ということが活動のあり方に影響してきます。
街で買い物をしているさいにクライエントと偶然出会ったとき、あるいは、勤務している学校の校舎やキャンパス内で、クライエント学生と偶然会った時などに、挨拶をしたものかどうか、お互いに迷ってしまうことがあります。面接構造の中ではクライエントであり、カウンセラーであることがはっきりしていますが、相談機関の外に出るとお互いをどのような立場の人間として位置づければ良いのか、どのような交流がありうるのか、判然としにくいのでしょう。むしろ外では会わないで済ませたいという気持ちが双方に生じるかも知れません。それだけカウンセリングが日常生活とは異質な場を用意し、かつ通常とは異なる関係性を結んでいるということでしょう。あらかじめ「外部で会った場合は周囲の人には分からないように、お互いに気づかないふりをしましょう」等、示し合わせておくこともあるかもしれませんし、そうでないならば、軽い会釈程度が適当でしょうか。

　面接構造と日常生活とは、物理的にも心理的にも切り離しておきたいと思う気持ちが生じてくることは確かなようです。これは、私生活と仕事の時間とを分けておきたいと

思う多くのひとびとの感覚とも重なる部分があるかと思います。ただ、より一層そのように分けておきたい、分けた方がベターだという気持ちが生じるような営みをわれわれは行なっているのだということに自覚的である必要がありそうです。

なお、入院や収容施設の場合には、ある一定期間クライエントにとっての生活場面全体が、明確な構造の中に含み込まれることになります。通所での面接に比べて、より大きなシステムの中で、より包括的に、そこで生じることが把握され、関わり方が工夫されることになり、心理面接もその中での意味づけを考えていくことになるでしょう。普段の生活と人間関係から離れ、刺激が制限された（統制しやすい）環境と人間関係の中に置かれることで、心身の休養を計るとともに、混乱した日常生活を相対化するきっかけともなります。

2・5・4 コンサルテーション

クライエントの問題解決や適応促進、環境調整、処遇決定のために、家族、学校の担当教員、職場の同僚・上司といった方がたと連絡を取りあったり、話し合ったりする必要が生じる場合があります。もちろんクライエントの了解を取ることが大前提ですが、おうおうにして「本人はまだ子どもですから、大人の側で考えましょう」とか「学校・

教育関係者の内々の話として…」といった持ちかけられ方をすることがしばしば生じます。このようなときにどういった対応がとれるかは、心理臨床が認知されるにしたがって今後ますます重要になってくる課題でしょう。クライエントが「余計なことを…」とか「自分の居ないところで何か目論んだり、評価したりする気なのでは…」といった不安を持つのか、それとも「自分のために心配して話し合ってくれるといいな」と思うのか、「自分ではうまく伝えられない思いをカウンセラーが代弁してくれるといいな」と思うのか、確認していきたいところです。また、このような周囲の方がたからの相談をカウンセラー側に申し訳ない気持ちやその内容をクライエントに黙ったままにしておくと、自然な態度で面接できなくなることにもなりかねません。

　面接構造を、すなわちクライエントとの約束を最優先する立場からすると、関係者に話せることはきわめて限られたものになるような気がすることがあります。実際には、関係者の方がたもどのようにしたら良いのか困っておられる訳ですし、本人の役に立ちたいと考えている、あるいは力になりうる立場のひとびとのはずですから、面接同様にていねいに対応してお話を伺っていると、たいていの場合は「自分なりにこんなふうにしていきたいと思います」「自分もカウンセリングを受けたような気分もこんな経験をここでしているのですね…」といった感想が聞かれることが多いようでおそらく彼

す。そのさいには、おおよその状況と常識的な留意点をお伝えすることで十分な場合が多いようですが、それ以上何を付け加えるべきかは個別の判断になります。
そしてコンサルテーションが行なわれることによって、いっそうクライエントにとって望ましい状況が形成されることを期することにとっても小さからぬ影響が生じることがあります。少しまれな場合ですが「構造」にも関わることとしてこんなエピソードがありました。

発達的な障害が疑われる子どものプレイセラピーを担当していたときに、その子どもへの対応について検討するため、幼稚園を訪問したさいのことです。ちょうど、園児たちの自由時間だったのですが、その子が私のことを見つけるや一瞬ニコっとした途端に、周囲の積木を集めて建造物らしきものを組み立て始めたのです。プレイでの行動を知るセラピストの立場からは何の不思議もないことだったのですが、幼稚園の先生方は「この子がこんなことが出来るなんて…！」と一様に驚いておられたのでした。先生方にとっては子どもの力を再認識する機会になりましたが、セラピストとしては"しった…、構造が溢れ出してしまったかも知れない…"という複雑な思いが胸をよぎりました。案の定と言うべきか、次の回からプレイセラピーの展開に大きな変化が生じたのです。それまでの積木やおもちゃを用いて何かを形作るという内容から、セラピストと

からだをぶつけ合い、はしゃぎ合うという内容に一変したのです。またしばしばプレイルームから走り出して出ていこうとするようにもなりました。表情はぐっと豊かになり、はじけるような笑顔がふえ、そして活力を身につけていったことは間違いがないので、それもまた意味のあるプレイであったとは考えています。ただ、もしあのまま、幼稚園での出来事がなければ、もとのテーマのままにプレイが進行し、また違った様相を見せてくれたかも知れないと思うのです。

子どもが、あるいはクライエントが暮らす日常の場を知っておくことは、とかく面接室に閉じ込もりがちな心理臨床家においては重要なことだと思います。一方で、構造の中で守られてきたものが不用意に溢れ出してしまうことにも十分な注意を払いたいと思ったものでした。

2・6　固い構造と柔らかい構造

2・6・1　構造の意味

ここまで見てきたように、心理臨床という営みの中では、ひととひとが出会う舞台となる面接の「構造」が、思いのほか大きな作用をもたらしていることが分かります。ありふれた言葉で言えば、日常性とは異なる非日常の場と時間を用意していることにより、

で検討してきた「構造」の諸側面からうかがえることをまとめておきましょう。これまで検討してきた「構造」の諸側面からうかがえることをまとめておきましょう。

1) カウンセリングに対しては「敷居が高い」「もっと気軽に行ける場になるよう工夫してほしい」という声をよく耳にすることと思います。それはまったくその通りで、その ための努力を怠ってはならないのですが、一方で、この敷居の高さを、言うならばこの面接構造の枠組みのもたらす心理的な抵抗感を乗り越えてまでも来談したからこそ、面接への心構えが出来る、あるいは自分の問題に取り組むべき構えが形成されるとも言えます。

2) そしてひとたび面接が開始されれば、この構造がクライエント並びに面接の進展を守るものとして作用し、日常の場ではなかなか扱いにくい内容についても触れやすくなり、また内省を落ち着いて進めることが出来るようになります。

3) 一方、継続面接が軌道に乗ってきて、生活の中に組み込まれているクライエントにとっては、面接があることで、日常を日常として生きやすくなることがあります。面接の場があるという安心感が、普段の時間を堂々巡りの思考やある種の感情に浸ることを少なくし、仕事や余暇の本来の過ごし方に集中しやすくなると言っても良いかも知れません。

4) またクライエントが構造を破ろうとする場合や、カウンセラーが思い切って構造を緩めた方が良いと判断する場合、そのクライエントの特徴やこれまでの面接経過を再検討する見立て（アセスメント）の材料を提供することにもなります。

5) また構造をめぐる種々の思いや葛藤それ自体が、面接の促進材料として、面接の中で取り扱える一つのテーマになりえるという側面も持ちます。

「構造」の存在が、クライエントが自らのあり方を構造化し、さらには自らの生活時間を構造化していくことを支える機能を持つという言い方も出来るかもしれません。

2・6・2 重層的なシステムの中で

ここまで見てきたように、構造という観点から見ると、カウンセリングという二者関係を取り巻くいくつかの枠組があると考えられます。

クライエントとして現れるひとは、あるコミュニティの中を本拠地として生きており、そこでの何らかのつまずきを経験して、いくつかのシステムが織りなす構造を通り抜けて、まったく異なる世界であるかもしれない、専門家としてのカウンセラーの居場所を訪ねます。重層的な構造の中での出会いがスタートすることになります。

カウンセラーはそのことをどこかで意識しつつ、面接の場に臨みます。さらにはより

面接が行ないやすいように枠組を構成していきます。

ただ、職業的にカウンセラーになると、一日中面接室に閉じ込もりっぱなしという事態が生じます。そうであれば、面接という非日常がどこかで日常にもなっていることへの注意が必要ということになります。感覚が日常的、一般的、常識的なものからずれてしまっているかもしれないからです。一度心理臨床家という役割をはずしてみて、素のままの自分であったならばどう感じ、考えるかを想定してみてるとらばどうか、といった具合に、クライエントが生きているそれぞれの場の中に居るとしたならばどうか、というシステムに生きる教職員ならばどう感じ、考えるかを想定してみてるとらばどうか、その家族特有の感じ方や規範の中に身を置いてみたらどうなのか、といった具合に、クライエントが生きているそれぞれの場の中に居るとしたならばどう考え、感じるのが自然なことであるのかを振り返ってみることが望まれます。

そのような構造ゆえに生じていることを必ずしも十分には理解していないままに面接が進行し、二者関係の中で生じていることのみに目を奪われていると、事例の全体像が浮かび上がってこないこともあるかも知れません。また展開の進展あるいはつまづきを実際以上に、カウンセラーの個人的な功績や責任に負わせてしまうこともあるかもしれません。

2・6・3 個人内システムをいかに作っていくか

物理的に、あるいは組織的に形作られた構造は、その境界や内と外との区別の判断がしやすいことになります。けれども多くは、カウンセラー側が人為的に設定した、目に見えない枠組みです。しかし、例えば、時間や場所に関する側面は、まだ判断しやすく制御しやすいかも知れません。しかし、例えば、プレイセラピーで子どもが砂や水をまき散らし始めた時にどうするのか、箱庭から溢れ出した世界を構築し始めた時にどうするのか、等々、実に様々な場面の内外であまりに行動化が過ぎると思われる時にどうするのか、面接場面で、心理臨床家は自らの枠組の設定の仕方を問われます。あらかじめ準備して臨める時もありますが、多くはその時どきの瞬時の判断でなされなければなりません。その時に、どこまでが自分が抱えられる範囲なのかを、経験と知識と感性とを持って捉えていく、"これ以上はもう我慢できない""いやクライエントのこの試みは、成長のために必要なのだ""でもこのままではクライエントが心配だ"、自分も持たないかも…"といった葛藤の中で、限界設定が成されていくことになります。こういった経験の繰り返しを通じて自分自身の中に形成されていく「構造」、言わば個人内システムによって、われわれはわれわれの活動のあり様を作っていくのだと言って良いでしょう。さらに言えば、このような自分なりの個人内システムのあり方が明らかになるにつれて、面接や相談機関の

構造をどう作っていけば良いのかが改めて見えてくるということにも繋がります。

2・6・4　心理臨床家としての一日の組み立て方

「構造」を築いていくことの意図の一つは、要は「約束したこの場と時間と条件の中で、あなたとの面接に最大限集中しますよ」というメッセージを有形無形に伝え続けていくということかと思います。このような姿勢で、ほとんど一日中、面接室に腰を下ろしたままで過ごすこともありえます。そんな生活を続けていると面接中に"もうそろそろかな…"と感じて時計を見ると、きっかり五〇分経過しているという、自分でも驚くほど見事に面接のリズムが出来上がっていたころがかつてありました。そして合間の一〇分のうちに記録を書き、必要な連絡を取り、ということになります。

ただし心理臨床家だからといって、ひたすら面接にのみ浸っていればいい訳ではありません。臨床の場の特性にもよりますが、危機介入への構え、関係者とのコンサルテーションへの構え、会議への構え、講義・レクチャーへの構え、といったものも、システムの中に組み込んでおく必要があります。そして種々の構えを状況に応じて柔軟に切り替えていくことになります。しかしこれは実に困難なことでもあります。面接の

2 「構造」という側面から―「枠組み」をめぐって起きること―

枠組の中での"個人を大切に受けとめていく"モードと、これらの活動の中で求められる"（複数のあるいは多数のひとびとに）積極的に働きかける・伝えていく・コーディネートしていく"モードとは質的に大きく異なるからです。とくに面接中に急な連絡が入ってモードを切り替えなければならない時には大変です。

これらを含んだうえでの一日を構成していく訳ですから、カウンセラーにとっては相談機関に詰めている時間帯が、面接構造の一時間枠に比しての上位システムということにもなります。カウンセラーの個性を生かしつつ、勤務する一日をどう柔軟に築いていけるか、独自のスタイルを形成していくことになります。

また、面接記録をまとめる時間が足りなかったり、必要な勉学・研修を行なったり、明日の面接へ思いを馳せたり、さらには夢の中にまでクライエントにまつわるエピソードが登場したりといったことが、われわれの日常生活に入り込んできます。よく研修会などで「時間的に・場所的に・状況的に、どこまでカウンセラーでいなければならないのか？」という憂いを込めた声が聞かれます。いかに心理臨床活動を勤務時間の枠組みに収めておけるかはカウンセラーにとって大事な要素となります。うまく切り替えていくこと、リフレッシュを計ること、個人の生活を充足したものにしていくことは、クライエントのみならずカウンセラーにとっても必須のことでしょうから。

3 「テーマ」をめぐって
——心理臨床の場で扱われること・もの——

今度は、心理臨床の営みの中で、どのような問題が扱われ、われわれはどこに焦点を当てようとするのかについて考えてみたいと思います。面接を守り、進展させるために形作った「構造」の中で、クライエントとカウンセラーとの間でていねいに吟味されていくものについてです。

3.1 主訴をめぐって

3.1.1 最初の主訴

クライエントとなる方は、当然のことながら何かに困って、あるいは何かをじっくりと考えたくて、相談機関を訪れます。そして何らかの助けや事態を変えていくきっかけになることが得られると期待しているはずです。もちろん「周囲の人に勧められて」とか「無理やり連れて来られたんだ」というふうに「自分自身は気が進まない、あるいは避けたいのだけれども…」という形で、現れることもあります。

いずれにしろ、ここに来られるに至った、本人にとっての中心的な理由によって、カウンセリングが始まることになります。それを主訴というのだと思いますが、そうであればその焦点となっている事柄について、あるいはそれに関連すると思われる諸状況についてまず耳を傾けることが出発点であることは疑いもありません。こちらからの思惑で、あるいは先入観で、話をリードして聴こうとすると、本人はこちらの意図をいぶかしがって戸惑われることがあります。その主訴を尊重しつつ、ひと足跳びにならないように話を関連付けながら、必要な情報をうかがっていくことになります。

3・1・2　周囲の主訴・本当の主訴

例えば子どもが「学校に行っていない」ことは、親御さんや学校の先生にとっては一般に受け入れがたいことでしょう。あるいは「友だちに暴力をふるう」「いじめに巻き込まれている」といったことでしたら、何がなんでも関与して事態を変えようとするでしょう。しかし、「学校での成績が振るわないから」という理由で親御さんに無理やり相談機関に引っ張って来られた子どもに対してはどうでしょうか。私などは正直なところ"べつにいいじゃない、学校の成績なんて…。個人のある一面に過ぎないんだから！"と思ってしまうところがあるほうです。

そんな私が学業不振の子どもとプレイルームで交流したことがありました。子どもの方は、なんで連れてこられたのかも良く分からず、はじめはおずおずと遠慮がちに語り、ついにはうつむいて黙り込んでしまうという様子でした。しかし回を重ねるにつれ、いつしか部屋中を飛び回り、セラピストにからだごとぶつかってくるようになり、ときには自分が大切にしていたこころの中の豊かな空想の世界を教えてくれることもあり…、といったことで、みるみる精気を取りもどしていったのです。その結果、学校生活全般が適応的なものに変わっていき、結果的に成績が随分と伸びていきました。言うならば親御さん側の主訴に基づく希望がかなえられたことになる訳ですが、内実は、日常生活の中では押し込められていた子ども本人の本来的な成長する力が遮られることなく発現されるに至ったということでしょう。そうであれば、本人にとっての主訴は、まさに「自分の力が（学業に限らず）十分に発揮出来ない状況にはまり込んでしまっている」ということであったはずです。またセラピストとしては、思春期の混乱しやすい時期を迎える前に来談されたことによって、心理的な問題を複雑化せずに済んだという感覚を強く持ちました。

できればそのことに親御さんも気が付いて下さればよいのですが、それは親御さん担当のカウンセラーとの関わりの中でなされる作業として委ねられます。ただ親御さんが

本当にカウンセリングで成績が伸びると思って相談に来られたのかどうかは分かりません。何か心理的な要因をどこかで感じ取ってのことだったのかも知れません。あるいは家族のあり方や親としての関わり方を気にしての来談であったようにも思います。
本当の主訴は何なのか、だれにとっての主訴なのか、しっかりと見定めていきたいと思います。

3・2 共有されるテーマ——状態像と場の空気——

3・2・1 基本姿勢

心理臨床という領域においては「診断」という医学的な言葉があまり適していないように思われることがあります。拠って立つアプローチや学派、個人的な好みによっても違ってくるでしょうが、その根底には、一人の人間の全体性を大事に捉えようとする立場、すなわち"病んでいる"部分に焦点を当ててそこを"治療"するのだという風には考えないという指向性、おおげさに言えばサポートする側の人間観に関わることになるでしょう。クライエントとなって相談の場に現れるときというのは、そのひとの現在の生き方・生活が何らかの要因・状況ゆえに、これまでのようにはうまく対処できなくなってつまずき、問題を呈しているのだと捉えることができます。ある意味ではそのつま

ずきは、これからの全体的な成長の胎動でもあるのだし、またカウンセリングの場ではそのようなきっかけとして生かしていこうとします。

そうであればカウンセラーの行う作業は、問題のある箇所を特定することではなく、幅広い人間理解を目指すということであり、そのために必要な情報をこちらの五感を総動員して収集し、一つの人間像に組み立てていくということになります。それゆえ、こなれない言葉ですが「見立て」あるいは「アセスメント」という単語が良く使われるようになったのでしょう。

3・2・2　収集すべき情報 ── 自分の中の「見立て」地図 ──

事例検討会において自分の面接経過を報告するさいに、先生方や先輩方から例えば「お父さんの出身地はどこですか?」とか「本人の嫌いな科目は何?それと学校に行きたがらないのとは関係ありそう?」とかいくつもの質問が出ることがあります。初心のころには、そういう事態になると「すいません…きいていません」とうつむいてしまい、何かカウンセラーとして不明を恥じるかのような応答をしていたものでした。

臨床心理学の実践に関するテキストを見れば、見立てのためにカウンセラーが収集すべき情報が(それも出来れば初回・インテーク面接において)きれいに項目ごとに整理

された一覧表となって掲載されているものがあるでしょう。これらを杓子定規に聞いていけば、関係者との事例検討においては役に立つかも知れません。しかし、面接においては恐らくある種の不自然さが生じることになります。例えば、

1) 目の前にいるクライエントの気持ちの流れや、自然な話し方がさえぎられる決定的な要因である、クライエントとのカウンセリング関係がスムーズに形成されない

2) むしろ、専門家の質問に応えていけば、望ましい方向へ導いていってくれる、という受け身的な姿勢が形成されてしまう。

3) といったことが考えられます。

やがて、そう神経質にならなくても、「あれ、このことはどうなっているのだろう？」「このことは話題にならなかったな…」ということに、面接中に気付くようになってきます。知的な学習と実践の繰り返しのうちに、自分の頭の中に「見立て」のための地図が出来上がってくるような感覚でしょうか。そうするといくつかの選択肢の中から判断ができてきます。例えば、

1) 「話の流れの中で出てくるかもしれないから、もう少し待ってみよう」と思いつつ聴いていくと、やがて気になっていたトピックスが自然に語られ、地図の空白箇所

のかなりの部分が埋まってくるもののようです。

そうであれば、すぐに確認したくなるというカウンセラー側のあり方や、話を聴くペースをいかに調整できるか、ということがむしろ考慮すべき点になってくるでしょう。いかに待てるかは、カウンセラーの基本的な資質の一つと思います。

2) そのうえで、はっきりと「このことは確認しておかなければ」と思うことがあれば、タイミングを見計らって「ところで、こういった点はいかがでしょうか？」と切り出してみることになります。初回のときの方が、二者関係での場の雰囲気が定着してくる二回目以降よりも聞きやすいということもあります。すでに面接の流れが出来ている時期だと、お互いにその質問の意図をより考えてしまうことになりやすいからです。

3) しかし一方で「今回の面接でここまで聞き込むのは、このひとにとっては負担が大きすぎるのかもしれない」と感じられることがあります。その場合には、何故そのように感じたのかを自分の中で明確にしながら、そのまま一端納めておくことになります。

4) あるいは、面接中に確認しておいてもいいはずのことに気が回らなかったのならば、何故そういうことになったのか、ということを考えることが、アセスメントの貴重

な情報になるはずです。もちろん、自分自身がひとと会うさいのクセである場合もありますから、いずれにしろ振り返りは必要でしょう。

この地図を埋めていく作業を、あるいは空白を保ちつつのあり方を、カウンセリングを通じて、じっくりと進めていくことになります。

3・2・3 生育史とは何か──ストーリーをたどる──

とくに見立てのために、クライエントの生育史をきちんと押さえておくことがよく述べられます。初心のころは、「いま現在抱えている問題で相談に来ているのに、何故幼少のみぎりからの話をわざわざ優先的に聞かなければならないのか？」と不自然に思われたこともありました。あたかもクライエントの問題の根源を〝聴取〟している風に感じられたのかも知れません。

ただやがて経験を重ねるうちに、生育史をていねいに聞いていくことが、そのひとがここまでの生きてきたプロセスを味わっていくことでもあるのだと思うようになりました。「こんなふうに自分は生きてきたのだなあ」とクライエントみずからが確認でき、そしてカウンセラーも受けとめることが出来れば、それだけでかなりの心理的作業がなされたことになります。自分の生きてきた道筋をていねいに振り返る、あるいは受けとめ

てもらう経験は実はそうあるものではありません。日常生活の中では、よほど親しく安心できるひと、自分を理解してもらいたいと願うひととしか、このような話はなされないでしょう。

またカウンセラーにとっては、そのひとが綴ってきた、言わばライフ・ヒストリーを熟読すること、その重みのうえでそのひとが私の前に座っているのだということを確認することでもあります。個人的なエピソードですが、高校時代に教わった「現代国語」の先生が「ひとは誰でも小説を一冊は書けるはずだ。自分の生きざまをありのままに書き留めれば良いのだから…」と授業中に言われたことが頭に残っています。心理臨床の場は、そのようなかけがえのないストーリーを受けとめるところなのだと思います。その中で、読み取りにくい部分、脈絡をつかみにくい部分、各所（章）にまつわる感情や色彩・イメージといったものを読み込んでいくことになります。そのような認識がカウンセラーとしての自分の中に出来上がってくるに連れて、生育史を確認していく作業がよりスムーズになっていったように思います。

3・2・4　痛みをともなうエピソード

一方で、苦しみに満ちた、厳しい時代を経験してきた人びとの生育史上のエピソード

3 「テーマ」をめぐって―心理臨床の場で扱われること・もの―

を聴く作業は、クライエント、カウンセラー双方にとって、あまりに辛くしんどいことのように感じられることがあります。一端こころの中に収めておいた方が良い場合もももちろんあるでしょうし、その場合には扱いうる時期を待つことになります。虐待や近親者の死、等々の重い体験を含む時期について、どこまでどのように扱うか、どこまで聴いていいのかについては、カウンセラーに限らず誰もが神経をつかうところでしょう。
しかしいかにきつくともそこに触れなければ先に進めないと感じられることがあります。カウンセラーの判断とは別に、クライエントがそのように決意することもあります。あるいは決意という意志的なものではなく、現実の痛みと直結しているだけに、必然的に触れざるをえないこともあるでしょう。
クライエント自身がその作業に耐えられるかどうか、そして同様にカウンセラーあるいはこの場が持ちこたえられるかどうかが重要な要素となるのは言うまでもありません。ある方との面接の中で抱いたイメージですが、封印された記憶をそっと取り出して、失った部分がこころに刺さらないような向きに置き直し、こびりついた血を拭い、ほんのわずかでも良いから納まりの良い状態に包み直して静かにもとの場所にもどすような作業を幾度となく繰り返すうちに、過去の経験全体の細胞をそのように取り出してはもどす作業を幾度となく繰り返すうちに、過去の経験全体が現在の自分を否定的に規定するものではなく、

支えてくれてもいるのだというふうに感じられていったことがありました。

3・2・5　聞くに耐えないはなし

また、あまりに残虐な話題や危険をはらむトピックス、さらには性的なニュアンスが生々しい話題では、あたかも目盛りが振り切れてしまうがごとく、こちらの感性がついていけない、とても平静ではいられないと感じる場合があります。その話題が語られなければならない必然性をどこまで感じられるかですが、話すことで益々クライエントが深みにはまり込んでしまったり、余計に問題を複雑化してしまう場合が時にはあるようです。またカウンセラー側がクライエントの世界に魅力を感じて必要以上に引き出し過ぎてしまうこともないわけではないようです。このあたりは、境界例や人格障害との絡みで診断的理解が不可欠となります。

カウンセラー側のキャパシティを吟味するとともに、心理臨床において「構造」を設けることの意味とも重なりますが、受けとめ切る自信がないようなことは受けるべきではない、原則と結びついてきます。

ただ、そのぎりぎりのところを二人で共に歩まないと、その問題を生き切らないと、次のステップには進めない（場合によっては、この世の中で生きていけない）場合もあ

るでしょうから、大いに迷いつつ、かつ覚悟を決めていく必要があります。

3・2・6 ありえないようなはなし

イメージや空想の世界をお互いに共有できている場合にはいいのですが、どうにも聞き手がついていけないような世界をクライエントが語るときの聞き方・スタンスに困ることがときに生じます。本当にそんなことがあるのだろうか、被害的、妄想的になっているのではあるまいかという思いが聞き手の側に生じる場合です。周囲の方がそのような状態を心配して相談に連れてこられることもあります。

もし、精神医学的な診断にゆだねるべきであり、医療的ケアと服薬を進めなければいけないと判断される場合には、その道筋をきちんと作ることが最重要課題となります。病院へ行かなくてはならない精神状態であるという事実に対する抵抗感をいかに緩和し、適切な機関への紹介につなげるかは心理臨床家の大切な責務と言えるでしょう。

われわれは病気や障害を扱うわけではなく、トラブルを抱えて困っている人間と関わるわけですから、たとえリファーが必要であっても、その基本姿勢に大きな変更はないはずです。まずはあたふたしない（しすぎない）ように自分を保ちつつ、きちんとクライエントに関心を持ち続けるあり方を持続できるようにしたいと思います。そもそも信

頼されていないカウンセラーの紹介で病院へ行きたがるわけはないはずですから。

"了解可能"かどうか、あるいは"プレコックス感"といったものが、精神医学の流れからは言われてきましたし、実際にそのような感覚が起きることもあるでしょうが、ありえないような世界をこころの中に抱かざるをえない状況や経緯を、聴く側が押さえているかどうかで、聞き方は全然変わってくるようです。"こんな状況じゃ、こういったことが気になるのも無理はないな"とか、"こういう世界をこころの中にイメージできるととてもやってこれなかったのだろうな"ということがカウンセラーの側でできれば、落ち着いて聴けるようです。

さらには"そのような感情や想念に捕われていては落ち着かないでしょう""いつもひとに追われているような気がするのでは不安でしょうがないよね"といったことが、少なくとも一致できる感覚として、医療機関への紹介や、ときには面接の継続（医療機関で投薬を受けつつのサポート）への契機になることがよくあります。

3・2・7 つまらないはなし・取るに足らない話題

面接中には"こんなはなしを続けていて何か意味があるのだろうか"とか、"問題解決とはほど遠いぞ""つまらないし眠気さえ感じる"という場面が生じてくることがあります。

一般には、課題にきちんと向き合えない抵抗と考えられたり、カウンセリングへの認識が不足していると考えられがちですが、一方で

1) その示すあり方は、これまでに慣れ親しんだ対処様式をまず表出していると考えられ、そうであれば一端は尊重されてしかるべきですし、
2) そのような話題の広がりがこころをほぐしたり、リラックスした雰囲気を醸し出すために不可欠であったり、
3) 実はそのような話題こそが、あるいは雰囲気こそが最もクライエントが欲しているものであり、これまで経験してこれなかった自己表明や交流のあり方である場合、等のことに想いを巡らせることの方が意味がありそうです。

とくに思春期のクライエントとお会いしているときには、事例検討会では「ただおしゃべりしているだけでは何もならないのでは？」と言われてしまうようなやりとりを繰り返しているうちに力強さを獲得して現実へ踏み出していかれることを、しばしば経験します。児童におけるプレイセラピーをおしゃべりで行なっているのでしょう。そうであれば、クライエントが発する話題にいかに興味をもって聴けるか、おもしろがられる自分であるか、その世界に浸れるか、が勝負になるでしょう。プレイセラピーや思春期・青年期のカウンセリングは、セラピストやカウンセラー側の実年齢、そして共感性

と想像力が大きく問われることになります。興味を持って聴けない自分の側の問題も考えた方がよさそうです。

3・2・8 面接の目標

面接はクライエントとカウンセラーの双方で作っていく場ですから、当初から面接の目指す目標を明確に打ち立てることは実はそんなに簡単なことではありません。クライエントの主訴と、判断された状態像と、状況・環境・相談機関といった所与の諸条件とを照らし合わせつつ、おおよその方向性を探っていくことになります。またクライエントの欲するところとカウンセラーの目指したいところが必ずしも一致するとは限りません。初回面接なり、面接プロセスの転機に差し掛かったときに、両者で確認する作業はもちろん必要になってきます。カウンセラーとしての責務という側面もありますが、確認しておかないとお互いに落ち着きが悪いように感じられるということのようにも思います。

しかし実際には、目標は作業仮説のようなもので、面接の展開とともに、しばしば書き替えられていくことになることのほうがはるかに多いものでしょう。

3・3 こころ・からだ・あたま

3・3・1 バランスと融合

言うまでもないことですが、人間は総体的、全体的なもので、種々の要素が絡み合いつつ機能している存在です。そのどこが優位にあるかで、そのひとの個性となったり、ときに不適応の源泉となったりすることがあるのだと思われます。人間理解と援助の方法は幾多ありますが、結局のところもっとも大切なことは、だれにとっても、こころとからだとあたまのバランスをいかに取れるかということではないかと思います。面接の流れの中でも、そのどこに焦点を合わせていくか、あるいはその三者の連関の具合を考えていくことになります。

一般に、どこに原因があって、どのような経緯を経てこのような状況に至ったのかを知りたがる傾向はだれにもありますし、それが分かれば解決策は自ずと見つかると思うのはむしろ自然なことなのですが、因果関係では捉えられないことが人間にはしばしば生じるのだと心理臨床の場面では実感させられます。

ある面接で、見かけは立派でいかにも社会的に活躍しておられそうなのに、「自信がない」「自分が分からない」と訴える方とお会いしたときのことです。その方が自己イメージとして語るには「身にまとっている瀟洒な衣服の内側は空虚となっていて、十分な血

肉が備わっておらず、生乾きの内蔵が直接空気に触れているかのようで、痛みを感じてしかたがない」と言うのでした。その後何回目かの面接で、失った交遊関係を振り返るうちに、感情表現がうまくいかない自分のあり方に思いをいたすことになり、しばしつむいた姿勢のまま、考え込む時間が続いている。このまま今回の面接は終わりかと思われたその時に、突如堰を切ったように涙が溢れ出し、しばしそのまま泣き続けておられたのでした。ようやく涙が納まって顔をあげると、驚いたことに涙のみならず大量の鼻血を流しておられたのでした。その時カウンセラーには（あたふたしつつも）"生乾きの内蔵が潤い始め、そして空虚な身体に血が通い始めたのだ"と感じられたのです。その後の面接で、徐々に自分の気持ちを率直に表現できるようになり、さらには日常生活の中でも肩肘をはらない自然な交流を他者と結べるようになっていかれました。
こころとからだを結ぶものを考えていくきっかけを強く与えてくれたエピソードでした。

3・3・2 症状というテーマ

チック、吃音、強迫行動・観念、恐怖症、等々の、行動上の問題や精神面あるいは身体面での「症状が気になってしょうがないから、これをなんとかして欲しい」という主訴で来談されるクライエントがおられます。当然クライエントにとっては、その最も望

ましい解決の方向性は症状の除去、ということになるでしょう。主訴の項で述べたように、症状にまつわる種々の情報とそれにまつわる感情をていねいに取り上げていくことが基本になることは間違いありません。そしてそのプロセスの中で気づきが生じ、症状が軽快することもないわけではありません。しかし往々にして、ある症状に直接焦点を当ててその軽減・解決を図っていくということが必ずしもうまく行くわけではないようです。

「ある考えがあたまの中に居座ってしまって」という強迫観念を抱え「仕事に集中できない」と訴えていた方が、面接の度ごとに「ちっとも治らない！このことが頭の中から抜けないから何も出来ないんだ！何とかしてくれ！」とカウンセラーをなじるということがありました。それでも継続面接が展開していくうちに、徐々にこころがほぐれていき、ある時とうとう全く強迫観念があたまの中に浮かんでこないという状態が訪れました。ところが喜ぶと思ったはずのその方は「あたまの中がすっきりしたのに仕事が出来ない。これは変だ…」ととてもとまどわれ、次回の面接のときには意識的にとは言えないまでも、わざわざ強迫観念を自分の中に引きもどして、当面はそれを抱えながらの生活をとされたのです。一気に症状を除去するのではなく、仕事や私生活が順調に流れるに従って、症状がある程工夫していくということになり、

度は残りつつもあまり気にならないようになって終結したということがありました。

私の経験では、より話の展開が広まっていき、またある部分では深く内的世界にもぐり、また現実生活が軌道に乗るように留意点をチェックしてその結果を点検していくうちに、気がついてみたら症状が軽減・消失していたということのほうが多いようです。たとえて言うならば、からだの症状でも肩凝りや腰痛のひどい方がおられたとして、それ以上に、その凝っている部位を柔らかくもみほぐすことは大切なことではありますが、全身の姿勢やライフスタイル全体を見渡して、からだの各部分をまんべんなく動かしたり、生活習慣を整えつつ緊張を緩めていく、といった全体的なケアが重要になってくることのほうが多そうだということと繋がるのかもしれません。症状が何を意味するのか、あるいはそのひとにストレスが掛かるとどの部位にどのような感情・思考状態にはまっておられやすいのか、えてしてクライエント本人は症状に囚われた感情・思考状態として結実しやすいですから、その状態を尊重しつつも、こころの全体をほぐしていくような姿勢を保つことなのでしょう。

3・3・3　心理臨床家にとってのこころ・あたま・からだ

初心のころ、心理臨床というからには、こころのあり様や内界を扱うことが中心とな

る営みであるだろうという思いが強くありました。気持ち、感じ方、感情、情緒といったものが何よりも大切であるという印象でしょうか。そのため、あたまを使って知的に理解しようとすることはあまりカウンセリング的ではないという思い込みすら、ある時期あったように思います。付け焼き刃的な知識をこころの問題に対して振り回すことは、われわれが最も嫌うことだったようです。しかし一方で、あたまの働きを十分にともなわない感情のみの対応の危険性にも注意が必要なはずです。いわゆる「純粋性」とは、単なる率直な感情表出のことではなく、心理に関わる知識と経験と体感に基づいた感情に耳を傾けつつなされるものであろうと思います。こころの気分・情緒にも耳を傾けながら、あたまによる知的理解に偏らず、からだの訴えるメッセージにも耳を傾けるということ、それらのバランスをうまく取ることなのだろうと思います。それは人間の自然な存在のあり方そのものとも言えるでしょう。こういったバランスを保つことが自然にはなされにくい生活をクライエントが送らざるをえないがために、なにがしかの問題を抱えるに至ったと言うことであれば、どこがテーマなのか、どこに焦点を当てるのか、そしてそのために適切な方略は何なのかをじっくりと考えていくことになります。動作法や自律訓練法などのように、まずからだのあり方に焦点を当てる技法もありますし、フォーカシングや壺イメージ療法のようにあたまに流

されない方法を導入することも大いに意義があると思います。私自身は、言葉でのやりとりを中心とした（ある意味オーソドックスな）面接を中心に据えているので、ここちろ・あたま・からだのバランスについて、話題として言葉で確認するとともに、話し方や言外にクライエントから伝わってくる感じで、判断していくことになります。

3・4　テーマの展開・ストーリーを読む

3・4・1　扱われるべきテーマとは何か

毎回の面接で話し合われるテーマは、主訴や状態像からあらかじめ想定できる部分もありますが、基本的にはクライエントの話したい内容を尊重することになります。そのときどきのカウンセラーの臨機応変の応対によって、話の展開は大きく変わっていくことになります。主訴にまつわる事柄であったり、いかにも本人にとって大きな経験であったと思われることであれば、あるいはこころの内側の深い層からの言葉やイメージが語られているな、と思えるときには、そのことを大切なものとしてそのままに受けとめていくことが基本となることは言うまでもないでしょう。前述のように、本人とカウンセラーの許容量を超えてまで表出されないように気を配ってさえいれば、面接がしかるべき方向へ展開していくことになります。

ただし、何が大切なテーマと考えるかは、ひとによって異なりますから、

1) 自分の価値観や先入観に縛られずに、自由であること
2) 発達段階や状態像に特有のテーマに、ある程度通じていること
3) そのうえで固有のクライエント像を描きつつ、臨機応変にその像を変容していけること、

といったことがつねに必要になってきます。このあたりは前節でも触れたことですが、"子どもがおもちゃで遊んでいるだけで良くなった""中学生と雑談しているだけで何故か彼女が元気になった"といったふうにしか思えないとしたらちょっと寂しいものです。もちろんこれはあたまで理解できていなくとも、"一緒に遊んでいて楽しかった"とか"思春期のころの甘酸っぱい想いに浸っていた"というような感情状態が接する側に生じていたならば、二人のあいだに何かが流れて成長の契機になっていると考えて良いのだとは思いますし、日常生活での関わりではこれで十分ということになるでしょう。しかし心理臨床の専門家は、扱われるテーマが本人にとってどういう意味があるのかを、知識と感性と経験とで、より広く感じ取れるよう準備されているひとであると言えるかもしれません。例えば象徴とか無意識といった世界への親和性はひとによってまちまちですし、そもそも理解の仕方も一通りではないはずですから、人間理解の多様な引き出しを自分の中に持ち合わせられるようになりたいとつねに思います。

それでも"この話は何のためにここに持ち出されているのかがよく分からないし、話を聞いていてつまらない"という感覚が強く残るようでしたら、なぜそうなっているのかを十分に検討しなければならないでしょうし、場合によってはそのこと自体を二人のあいだで話題にすることが適切な場合もあるかと思います。

3・4・2 一コマの面接の中でのテーマ

毎回の面接においてあらかじめ話題が設定されていることはまれでしょうから、一時間の面接が終わってみて初めて"今日は思わぬ話が出てきたな""ずいぶんとはなしの濃い内容で重みがあったな"という印象が浮かんでくることになります。必要な情報を収集するために、あるいは治療目標に向けて展開させていくために、カウンセラー側から話題を提起することもありますが、自分の面接スタイル、拠って立つアプローチ・学派、そしてなによりもクライエントとの関係性の中で、どこまで切り出すかが決まってくることでしょう。

私自身かつては、ひたすらクライエントが語る言葉とその内容に愚直なまでについていったものですが、次第に経験とともに"面接の組み立て方"というほど意識的なものではないにしろ"今回の面接ではずいぶんとお互いに頑張ったから、残り時間は日常生活

の此事について話題にして力を抜いた方がいいな"とか"今回のうちにこの点について確認しておかないと心配だな"といった感覚がカウンセラーの側に生じてくるようになりました。

基本的には一回の面接で全てを扱う必要はないですし、せっかく一時間の面接という「構造」を設けて、そこに含まれるものと含まれないものを考察する機会を得ているわけですから、残された話題・課題は次回以降にしっかりと扱えればよいということになります。"何が何でも区切りがつくまでつきあうぞ"といった力みやあるいは"クライエントが物足りなさそうで何か申し訳ない"といった必要以上の気遣いがかつては随分あったような気がします。そのあたりがだいぶ余裕ができてきたということかもしれません。

恐らくこういったことと関係するのだと思いますが、経験年数とともに次第に安定した面接ができるようになる一方で、びっくりするほど印象的な、象徴的な出来事が面接の中では生じにくくなっているような気がしています。ドタバタ、あたふたしなくなったという意味では、それはプロとしては望ましいことなのでしょうが…。

なお参考までに、現在私が勤務している大学で、学生相談室委員をして下さっている学部・大学院の先生方に、おおよその面接の流れと要点を説明するために作成した〈資料〉を提示しておきます。主に進路・修学に関する相談に対してご自身の経験と知識と

<今後の方向性を確認> （本人の希望＋相談員の感触）

・オープン・エンド　　"いつでもまた、遠慮せずに連絡を入れてみて…"

・次回の約束　　"確認すべきことを次回までに調べて（考えて）"
　　　　　　　　"こちらとしても気になるので"

・紹介（必要に応じて名前をあげ、相談員から一報入れる）

　　　　"こういう話ならば、教官とはまた違った立場でゆっくりと話をきいてくれる
　　　　カウンセラーの斎藤さんという人がいるから…"

┌─ ＜（参考）連絡先・紹介先＞ ─────────────────────────
│ ！「ナイーブな問題（研究室の人間関係、等）」
│ 　→慎重に選択（連絡・調整・依頼、先例を調べる等で、学生が動く－自分が動く）
│ "「緊急の場合」（基本的に本人の同意を求めたうえで）
│ 　　　　　→家族・親戚への連絡（場合によっては友人・知人・大家、等にも）
│ 　　　　　→指導教官・担任、等への連絡
│ ＃「他にサポートしてくれる人が必要な場合」
│ 　・手続き　　　（教務）　　　　　　　　→第１教務・第２教務・大学院掛
│ 　　　　　　　　（経済面はじめ幅広く）　→厚生課の各担当職員
│
│ 　・情報（講義・学科・研究室の内容、雰囲気→（公式に）学科長・専攻主任、等
│ 　　　異動状況）　　　　　　　　　　　　　（非公式に）知人の教官や学生
│
│ ・日常的に関わってくれる人　（母性的に）　→（学生相談室担当職員）
│ 　～過度にならないよう…～　　　　　　　　　（保健管理センター・看護婦）
│ 　（兄貴分・ピアカウンセラーとして）　　　→（助手さん、先輩、等）
│
│ ・自分の性格・心理・生き方、等（こころの回　→カウンセラー（斎藤）
│ 　復・成長）～継続的に（心理面に留意しつつ）
│ 　関わる必要性～
│
│ ・精神症状（不眠・躁または鬱・妄想、等）　→医師
│ ・身体症状（各部の不調（ストレス）・食欲、等）
│
│ ・学内機関でははっきりとしない時　　　　　→学外の専門機関（厚生課とも協議）
│ 　（悪徳商法、アルバイトや賃貸住宅のトラブル、等　・消費者センター
│ 　　　　　　　　　　　　　　　　　　　　　　　　　・内外学生センター
│ 　　　　　　　　　　　　　　　　　　　　　　　　　・法律相談所、弁護士、警察、等
└──────────────────────────────────────

＊「記録」
　　＜他の担当者に見やすいように（要点・見出し）＞
　　＜自分の気持ちをまとめる（落ち着かせる）ために＞

＊「２回目以降の面接」
　　＜この間の生活の確認＞　"この間、いかがお過ごしでしたか？"
　　＜この前の話を受けて＞　"＊＊ということだったけど、その後…"

3 「テーマ」をめぐって―心理臨床の場で扱われること・もの―

『相談面接の手順と留意点』　　　　　　　　（学生相談室委員会・資料）
　　　　　　　　　　　　　　　　　　　　　　カウンセラー；斎藤憲司

＊「受付（受理面接）」（相談室担当職員）
　・受付カードの記入―＜無理強いをしない・守秘の確証・記載内容の尊重＞
　（担当教官・日時・場所の決定）

＊「初回面接」

1. 相談員からの場面設定
　＜自己紹介・立場の明示・時間を区切る・話を促す＞
　"こんにちは。はじめまして。○○学科の△△です。ごくおおよそのこと
　は、受付の××さんから伺っています。自分の専門の立場から、あるい
　はこれまでの経験に則して、何かお手伝いできることがあれば、と思っ
　ています。必要に応じて続けてお会いすることも出来るし、より適した
　先生を紹介することも出来ますから。
　　おおよそ時間は＊＊分くらいは大丈夫ですから、ゆっくりと一緒に考
　えてみたいと思います。話しやすいところからで結構ですから、少し詳
　しく事情・状況をお聞かせ頂けますか？"

2. 話をきく際の留意点
　＜うなずき・表情・視線・姿勢、等で、丁寧に聞いていることが伝わるように＞
　＜学生の気持ち・訴えにまず焦点を当てる（いかに待てるか）＞
　＜話を整理する（事実関係・これまでの経緯）＞

　　　　　　　　　　"……ということなんだね（感じたんだね）"

　　＜相談員に出来ることは何かを考えつつ＞
　　　～表向きの相談内容―本当の問題の相違を考慮（ex, 進路変更希望―人間関係）
　　　→まず「聞く」こと、そのうえで必要に応じて
　　　　　「調べる」「動く」（連絡・調整等）
　　（肩代わりしすぎない、自分で動けるならば、少しお尻を押すことも）

3. 助言・アドバイス・情報提供の際の留意点
　＜ゆったりと、繰り返しになっても良いので、きつくならないように伝える＞
　＜カリキュラム・事務手続き上の事実・現実はきちんと伝える（転学・在
　　学年限、等）＞
　＜あやふやな場合は、確認のうえで＞
　＜個人的な見解、感情の表出ももちろん有効。ただ、受けとめる素地が学
　　生にあるか判断して＞

4. 面接のまとめ・おわりにあたって
　＜動き始めた第一歩を肯定的に評価＞

　　　　　　　　"相談に来られたことも、事態を変えていくきっかけ…"

　　＜緊急度の査定＞　（危機的な混乱、自傷他害の恐れ、手続き期間・在学年限等）
　　　＜他にサポートしてくれる人の存在を確認＞
　　　　　　　　　　　　　　　　　　　（家族・友人・先輩・教職員、管理人等）

人柄を生かした面接を行なっていただくことをお願いしていますが、そのような相談面接にはほとんどアマチュアといっていい先生方に、面接というものを説明する資料を作成することで、カウンセラーが行なう面接の意味を考え直す良い機会にもなりました。

3・4・3 経過の中でのテーマ

面接回数を重ねるにつれて、当然のことながら、扱われるテーマが変わってきます。よく言われるように、初回面接にはその後の展開を示唆する豊かな内容が含まれていることが多いということはあるでしょう。最初の出会いの場面で、双方がこの場で何が出来るのかを探り合いながら、クライエントは最も慣れ親しんだ対処様式を示しつつ、中心的な訴えとそれにまつわる情報を一生懸命に提供しようとしますし、カウンセラーもアセスメントのために必要な情報を収集しようとしますから、後から振り返れば種々の要素が含まれていることも当然かもしれません。長期にわたるケースでは、もともとの問題がどのようなものであったのかを確認するために前回の面接記録とともに初回面接の記録をざっと見返すことはしばしばあります。出発地点と現在の到達地点を結びつつ、何が行なわれてきたかをおおよそ思い起こしておくことで面接への構えを作っておくこ

3 「テーマ」をめぐって―心理臨床の場で扱われること・もの―

とが必要と感じられるときがあるからです。そして「関係性」との関連で言えば「この場に来ることには何か意味がありそうだ」「このひと（カウンセラー）と会っていきたい」と思ってもらえるかどうかは言うまでもなく決定的に大事な要因となります。

加えて個人的には、二回目の面接も大切なものとして受けとめています。初回面接は、どんなことが話題として出てくるかは予測がつかない部分があり、カウンセラーは全方位に開かれているものですが、二回目は、すでに受けとめたテーマがはっきりとあり、お互いがそれを意識しつつ臨むことになります。そして二回目の最初の一言でカウンセラーは（初回面接の終了時のフィードバックとの連続性を意識しつつ）「前回、このようなお話を伺って…、これからの時間は…」という具合に、ある程度の焦点化、方向性の明示を行なうことがあります。全方位に展開しうる状況からおおよその方向づけがなされていくわけですから、面接プロセスの最初の分岐点のように思われることがあります。

そして三回目以降では、話題の種類や語られ方がおおよそ軌道にのっていくというイメージでしょうか。

その展開の中で、次第に深まりを見せて着実に進展したように受けとめられるテーマや、繰り返し語られ、なかなか乗り越えられないテーマもあれば、突然のように湧き出してきたように思われるテーマもあるでしょう。本人にとっての抵抗の所在、"時が熟す" タイ

ミング、季節や学年・学期の変わり目、周囲の状況の変化、さらにはカウンセラーの焦点の当て方、等々と照らし合わせながら、その時期にこのテーマが語られることの意味を考えることになります。

著作や学術雑誌などの事例研究を見ると、長期の事例では「第一期」とか「第何期」というふうに、扱われたテーマを中心に（関係性等も加味して）分けて記述してあることがほとんどです。その分け方は、面接でどのようなストーリーを綴っていったのか、あるいは担当者がいかにそのストーリーを読み解いているかが示されているということでしょう。この世界に入ったころは、一回ごとの面接があまりに豊富な内容に満ち満ちているように思われて、それを取捨選択していくつかの時期に分けるなどということはとても出来ないように思われましたが、間違いなく場数を踏むことでストーリーの読み方は習熟してくるように思われます。

3・5 テーマの終結

面接の終結段階では、当初に焦点となっていた主訴がいかように解決されたのか、あるいはアセスメントに基づいた面接の目標がどれほど達成されたかで、その頃合を見極めることになるでしょう。しかし、どういうことがなされてその結果、終結に至ること

3 「テーマ」をめぐって—心理臨床の場で扱われること・もの—

になったのかということは、なかなか簡単には説明しがたい側面を含んでいます。カタルシス、自己実現、自己洞察の深まり、認知構造の変化、対処様式、対人関係様式の変容、身体的変化、周囲の環境の改善、等々、そういったことが両者のあいだで、あるいは一方の側で、意図されて生じることもありますが、むしろ"結果的にそういうことが生じた"あるいは"そう理解することが出来そうだ"ということの方が多いように思います。

何がそのクライエントの中心的テーマだったのか、面接の中でそのうちのどういった部分がメインに扱われ、どういった部分が背景に描かれていたのか、そして伏流水のように表に出ないままに流れた（ときに地表に滲み出てきた）のは何で、ストーリーの全体像はどのようなものであったのか…、そういったことはしばらくたってから分かってくることも多いようです。ただ、面接中はクライエントから語られるテーマを受けとめつつ、"このはなしは大切そうだから腰を入れて聞かなければ…""じっくりと味わいたい"とか"この、これまでのストーリーの流れとは異なるものが出てきたな""一見軽い話題のように見えて実は深い意味があるな""遊び心をもって一緒に会話を楽しめることが今のこのひとにとっては必要なことなのだな"といった感覚をつねに持って、もっとも相応しい構えで開けているか、交流できているかどうかが決定的に大切なことになってきます。その集積

のうえに、全体のストーリーが浮かび上がってくるということかと思います。

やがてクライエントの人生の歩みの中に好奇心が芽生え、自発的に行動を起こしていくことになります。これからの人生の歩みのストーリーを作っていくのはほかならぬご本人ですし、実際クライエントにとって本当に大切なことは、クライエント自身が知っている、あるいは見つけていく、たどり着いていくものなのだと、しばしば感じます。

面接の進展とともに新しい未知の領域でメインテーマをつかみ取り、見違えるような変容を示される方もおられれば、一見おおごとでなくとも、日常生活のこまごましたこと、例えば食事とか家事、インテリアとかファッション、身の周りの自然といったものに楽しみを見い出していくことで素敵になっていかれる場合もよく経験されます。ひとりの人間が生きていくにあたっては、実にたくさんのテーマを重層的に含み込みつつ歩んでおられるのだと、どの事例を振り返っても思います。

種々の人間理解の観点が、臨床心理学の各学派で提示されており、実践にあたっては参考になることも多々ありますが、しかし結局はそれらはみんな、人間の多様さと豊かさゆえに生じていることであって、われわれ心理臨床家だけが気がつくか知っているこ と、というものではないはずです。それゆえ専門家づらせずに、どこかで謙虚さを保ちつつ、目の前に現れるひとの話に耳を傾けたいと思います。

4 「関係性」という側面から——人と人とのあいだ——

三番目の視点として、今度はカウンセリングあるいはセラピーの最も基本となる「関係性」について考えてみたいと思います。ひととひととが出会って始めて心理臨床の営みは成立するのであり、共にいるそのときの関係のあり方が決定的な要因となっていることは間違いありません。

4・1 クライエントと専門家

職業的にカウンセラーとかセラピストと銘打って活動しているのであれば、疑う余地もなくみずからを専門家として位置づけていることになります。そうであれば、その最初の出会いにおいては、両者は対等な関係ではなく、片方が援助を求めている立場、もう一方が専門的な働きかけをする立場として、出会うことになります。その意味では、心理臨床家は好むと好まざるとに関わらずなんらかの権威として存在していることになります。ましてやクライエントは、自分の力では解決できなかったという気持ちすら抱きながら、カウンセラーが待機する場所へ出向き、そこで何が行なわれるのかもはっきりとは

イメージできないままに面接室に入るわけですから、どう考えてもどちらがより負担が大きいかは自明のことでしょう。カウンセラーにとってはこのうえない非日常のえたいの知れない場所が、クライエントにとっては言わばホームグラウンドである日常の勤務場所が、クライエントにとってはこのうえない非日常のえたいの知れない場所になっていて、そこへ単身乗り込んでいくのですから。

われわれカウンセラーがスーパーバイザーのもとへ通うときのためらいと期待が合いまった気持ちですら、かなりのものがありますから、クライエントの最初の不安は言うまでもないことでしょう。

自分がどういう立場の者として会うのか、こちらの想いはともかくとして、クライエントからはどう見えているのか、というところは見逃すことができません。当初の関係性は"タテの関係"に近いものがあると言わざるをえないでしょう。

この出会いの時における関係性が、後々の面接のプロセスの中でどう変わっていけるかが、心理臨床の場で問われることなのだろうと思います。

クライエントを専門家の立場から導こうとするのか、それともクライエントとともにあろうとするのか、といった対比がよくなされますが、いずれにしろ、当初は"専門家"という認知で見られることは間違いがなく、その後の関わりの質で、立場の相違が徐々に明らかになっていくということでしょう。そしてそれは、目指すべき目標がかなり異

なってくることにも繋がるはずです。自分がどのような専門家でいようとするのか、さらにはどのような個人（人間）であろうとするのかが、つねに問われていくことになります。

4・2 カウンセラーができること

4・2・1 この場に一緒にいること

心理臨床という仕事の特質でもありますが、一見カウンセラーの出来ることというのは本当にわずかなことのような気がします。その中でも、もっともシンプルで重要かつ困難な課題が、この場にともに居るということです。ただそこに居るだけならば、ただ親身に関わればいいのだということならば、ひとの力になりたいと願っている者であれば誰でも出来ることのようにも思われます。もったいぶった言い方ですが、ある意味ではその通りであって、でもそれだけではないのだ、ということになるでしょうか。

まず重要なことは、いかにクライエントに安心感をもって、この場に居てもらえるようにできるか、むしろ触れたくはないかも知れない自己の矛盾や弱い部分と向き合えるように、こころのヨロイや防衛を柔らかくしてもらえるか、ということでしょう。自分の問題を認めることは恐いものだと思います。その痛みを越えて、自分のまだ見ぬ世界へ深く入れるようになるための土壌づくり、ということは、

どのような場（面接室）の雰囲気を用意するか（部屋のレイアウトや照明、調度品等も含めて）ということや、さらにはカウンセラー側の自己紹介、オリエンテーション、クライエントを迎え入れる表情、等からすでに始まっていることだと思います。

そして、クライエントに接する基本姿勢として、いかにそのままのあり様でいてもらえるか、その人に対して柔らかい関心を向けていけるか、ということになります。たとえ社会的・一般的な規範やカウンセラー側の評価基準にそぐわなくとも、そのひとのあり様を尊重できるかどうかが、問われます。いわゆる"無条件の肯定的関心"ということになるのでしょうが、相手に対して評価をしない、条件をつけないということは、そんなに簡単なことではありません。当初は関心をもってクライエントに向かいえていても、時間とともにカウンセラー側の好む枠組に、知らず知らずにはめ込んでいることが少なからず生じているように思います。自分の表情やうなずき、姿勢、気分がどのようなものになっていて、相手にどのような影響を及ぼしているかを見返してみることが必要でしょう。使い古された言葉のようですが、お互いの"here and now（今ここで）"の感情・思考・状況をどこまで尊重できるかということにも繋がります。

4・2・2　聴くこと——いかに聴けるか——

カウンセラーたるもの、相談に来られたクライエントの伝えようとしていることがらをいかに聴けるかが勝負の分かれ目であるといっても良いでしょう。

やっとの思いで話し始める、あるいは何が問題解決のために核心となる話題なのかも分からないままにとにかく話し始めるクライエントを支援するための基本は、受けとめているということを（それと感じさせすぎることなしに）いかに伝え続けているか、ということだと思います。今でも、自分の面接を思い起こしてみて"あのうなずきは気持ちがこもってなかったな"とか"硬直した相づちの入れ方になっていたな"などと思うことがあります。そして自分の会い方を見直したり、修正したりする材料として用いることになります。

＊うなずきの言葉の選択

最近の面接を思い起こしてみても、私が用いたうなずきの言葉は「うん」「ええ」「はい」「そっか」「なるほど」といった定番のひとことのみならず、「あー」「ふ〜ん」「か〜」「ほー」「ひゃ〜」「ありゃ」「おっと…」（さらには「うんうん」とか「そっかそっか」）と二回以上繰り返していることもよくあります）等々、実に多種多様です。あるいは発声はなく、ただ首をわずかに傾けるだけのこともあります。うなずきの一つ一つが

そのときのクライエントの語っていた内容や場の雰囲気にピッタリであったかを、ときおり吟味してみることもあっていいでしょう。あんまり神経質になるとかえってぎごちなくなりますが、自分のひとこと、一瞬の反応の積み重ねが、面接の行方を左右しているのだと思います。

＊　どのようなタイミングでうなずきをいれるか

うなずきは、クライエントの話を"しっかりと受けとめましたよ"という合図であり、自分の話が伝わっているんだという安心感を抱いてもらうとともに、次の言葉を引き出す作用を担っています。ですから、機械的になってはいないか、言い方や声が強すぎないか、多からず少なからずの適量になっているか、話の区切りごとに適宜適切な合いの手を入れられているか、ということが大切でしょう。

逆に相手の話に押されがちでうなずきが少なくなっている時には、クライエントの話がカウンセラーを置いてけぼりにしている状態と感じられれば、あえて意識的にうなずきの頻度を多めにかつリズミカルにして、柔らかくクサビをうちこむような気持ちで応対することもあります。

＊　どのような表情で、視線で、しぐさで、受けとめるのか。

またうなずきの声が単独で発せられることはないでしょう。同時になされている表

情・視線・しぐさも大きな作用を果たしているはずです。例えば深刻な話になればいつまでも柔和な表情で聴いてはいられないでしょうし、怒りがほとばしり出るようであれば、正面から厳しく向き合っていくこともあるはずです。また相談に来られる方は視線をどの程度合わせるかに敏感な場合が多いでしょうから、自然な形で必要十分なまなざしを向けていくことにはとても気を使います。話の深まりと場の雰囲気によっては、目をつむってただうんうんとうなずいているだけの姿が最も適しているように感じられることもあります。少しこだわり過ぎかも知れませんが、私たちが日々のコミュニケーションで行なっていることの、まさにエッセンスを具現化しようとする試みといってもいいでしょう。そういう意味では、参考になるかもと思って、個人的な日常生活の中でもいろいろな人びとの会話の様子を興味を持って聴く習慣があります。身近な人々の会話はもちろんのこと、少し笑われそうですが、テレビを見ていると、明石家さんまや所ジョージ、古舘伊智郎といった方がたのトークと絶妙の掛け合いにもはっとするところがあります。

言うまでもなく、面接場面だからこそ相応しい受けとめ方、というのがあるでしょう。われわれがしばしば陥りやすいのは、面接の構造の外の世界に出てきているにも関わらず、カウンセラーじみた応答をして煙たがられることではないでしょうか。飲み会などでつい"聞き役モード"になってしまい、親しい人びとから指摘されて焦ることがま

まあります。聞き手になるときの基本姿勢が身に付いているからではあったとしても、やはり場に即した関わり方というものがあるはずですから。

さてここまで記したことは、聴くための基本姿勢の表現形といったものでした。しかし、しっかりとうなずくためには、カウンセラーの内部に、クライエント理解のための枠組がしっかりと形作られている必要があります。話の内容とそこに含まれている意味が適切に理解できていなければ、思いのこもったうなずきは不可能でしょう。しかもその枠組が多様にあり、かつ臨機応変に変容できる柔軟なものであることが求められます。またクライエントの世界への想像力も求められます。

いわゆる「共感的理解」（あたかもそのひとが感じているかのごとく理解して受けとめる）がいかに出来るかということになるのでしょうが、"分かって下さい" "分かりますか？"と訴えてくるクライエントに対して、呪縛のように、"分からなきゃ！"と力みすぎることもあります。しかし"ときには分からないところもあるぞ、それは申し訳ないことではないぞ"ということを自分自身に対して認めつつ、余裕をもって臨みたいと思います。

4・2・3　伝えること――いかに伝えるか――

ある程度経験を重ねるうちに、「カウンセラーなんだから聴けることは当たり前だろう」

という意識をもった時代がありました。いま思うと恐れ多いことですが、「次の課題は、いかに伝えるかということだ」と思ったのでした。例えば一回の面接の中で、カウンセラー側が話している時間は恐らく一割にも満たないかも知れませんが、その一言一言が決定的な要因となっているかも知れません。

前項で記したうなずきに関することも、"伝える"ことの一部とも言えますが、これと同様に"あなたの話をしっかりと受けとめていますよ"というメッセージを伝えるという意味で、カウンセラーは相手の話を要約したり、繰り返したり、ということをしばしば行ないます。さらに、感想を伝えること、方向性・選択肢の提示、さらには自身に関する個人的な経験やプロフィールをどの程度自己開示するか、等々のことがありますが、カウンセラーから発せられる言葉のひとつひとつは、その時々の"そのままの自分"から生まれ出づるものであるでしょう。

心理学をかじると、もっともらしい解釈を生半可なまま伝えてしまうことがありますが、そういったものはカウンセラーの中でしっかりと咀嚼されたものでないと、まずクライエントに響きません。妙に専門家づらしないこと、純粋性とか自己一致とか言われますが、学んだこと、経験してきたこと、そして目の前にいるほかの誰でもないそのひととの、いまここでのやりとりで生じてくる想いや考え、それらが融合しあったなかか

ら結晶化されたものを、選りすぐった言葉で刻々と伝え続けていくということなのでしょう。

表1は、私の後輩の牧野さんという方が修士論文で面接におけるカウンセラーの応答を研究したさいに設定した、発言内容の分類です。ロジャースの時代からこのような研究は繰り広げられてきましたが、実際に面接内容の検討と分類について協力させて頂いて、改めてカウンセラーには多種多様な反応がありえることと、反応の一つ一つをカテゴリーに分類することの難しさを感じたものでした。特に、言い切り（断定的な語尾で返すのか―確かめの形で問うのか、認知・判断に焦点化するのか―感情・感覚・感触に焦点化するのか、という二点から「再言明」「確認」「探索」「反射的応答」「明確化」というカウンセリングにとって核心となる、クライエントの体験の共有に関する応答を分類するのですが、これが評定者間でなかなか一致せず、頭を抱えたものでした。それだけに、半ば無意識的に、無自覚に発せられることも多い、決して上手とは言えない自分の応答をも振り返って、恥ずかしく思ったものです。しかし一方で、曖昧で多義的な反応が有効に作用する場合もあり、また同じような言葉でも、声色や文脈、場の雰囲気によって当然伝わり方は変わってきます。いずれにしろ、コミュニケーションの専門家でもある訳ですから、自分の発した言葉・反応には責任を持たなくてはなりません。

表1 言語応答様式カテゴリー一覧

<名称>	<意図>
1 Minimal Encourager 最少の促し	単純な同意・確認・理解により促す
2 Approval Reassurance 同意・再確認	情緒的なサポート・同意・強化で支持
3 Information 情報	データ・事実・理論等の形で情報提供
4 Direct Guidance 直接の助言	示唆・助言による支持・方向づけ
5 Closed Question 閉じた発問	情報収集／短い答えを求める
6 Open Question 開かれた発問	情報収集／長い答えを求める
7 Restatement ☆再言明	体験の共有／認知や判断のまとめ
8 Reflection ☆反射的応答	体験の共有／感情・感覚・感触のまとめ
17 Acknowlegement ☆確認	体験の共有／認知や判断の確かめ
15 Exploration ☆探索的応答	体験の共有、感情・感覚・感触の確かめ
16 Clarification ☆明確化	体験についてカウンセラーが受けた印象の伝達
9 Nonverbal Reference 非言語的レファラント	姿勢・声・表情等の非言語的行動の指摘
10 Interpretation ＊解釈	行動・関心事等の因果関係を指摘
11 Confrontation ＊直面化	言動・現実と理想等の不一致を指摘
12 Self-Disclosure 自己開示	カウンセラー側の個人的経験や感情を共有
13 Silence 沈黙	言葉を発せずに応答を待つ（5秒以上）
14 Other その他	問題に関係のない言明、おしゃべり等

☆共感的応答（クライエントの発言、感情を受けての応答）
＊指示的応答（カウンセラー主導の応答）
（意図については、牧野(1993)の定義をもとに再構成して記述）

大まかに言うと図1のようなイメージでしょうか。まずクライエントの言葉や表現を尊重しながら、感情的にあるいは認知的にまとめて返していくこと（「反射的応答」と「再言明」）で足場を着実に固めていくことがカウンセリングの基本になります。まどろっこしいようでいても、その場で足踏みを続けているだけに見えるやりとりが次の展開を用意することになります（1／4歩くらいづつ進むイメージでしょうか）。そして面接の進展とともに、徐々に少しづつ踏み込んだ確かめを行ない（「探索的応答」や「確認」で1／2歩づつ進み）、そのうえで二人の歩調と波長が合致するにつれて、一歩踏み出した応答としての「明確化」も不自然でなく行なわれるようになる。そこまでにいたるとカウンセラー独自の言葉や表現による伝達が、クライエントの心情や内省とぴったりと重なり、一層対話が深まっていくことになります。もしクライエントに受けとめる準備ができているのかどうか、二人の関係性がそこまで深まっているのかどうか、といった配慮を欠くと、気の利いた言葉を発しようとしても、クライエントを置き去りにした先走りの応答になりかねません。さらにカウンセラー主導の応答とも考えられる「解釈」や「直面化」であれば、なおさらそのあたりの配慮と判断が不可欠になってくるでしょう。

個人的には、ベイシックなエンカウンターグループでの体験が役に立ってきたように

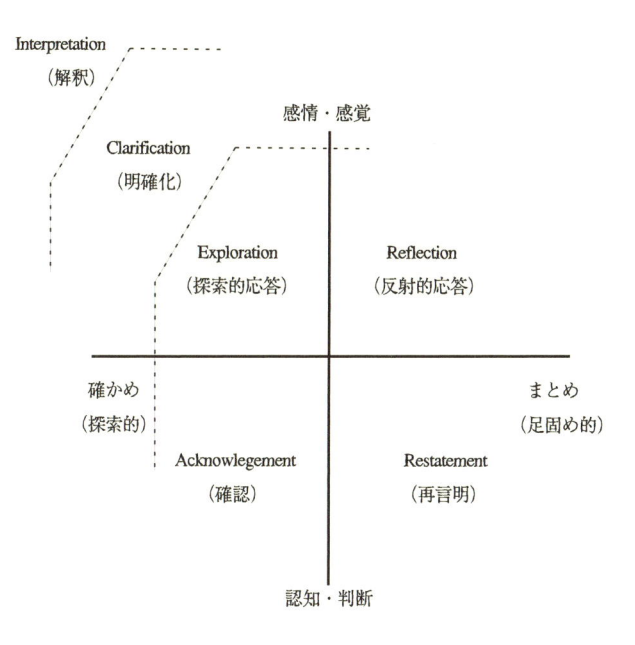

4 「関係性」という側面から―人と人とのあいだ―

```
Interpretation
 (解釈)
            Clarification        感情・感覚
             (明確化)

              Exploration       Reflection
              (探索的応答)       (反射的応答)

   確かめ                                      まとめ
   (探索的)                                    (足固め的)

              Acknowlegement    Restatement
              (確認)            (再言明)

                               認知・判断
```

図1 共感的応答の位置づけ（概念図）
(牧野(1993)の図を改変)

思います。個人面接のみですと、どうしても聞き役に徹する姿勢が定着しがちですが、数名から一〇数名のメンバーの交流がダイナミックに行き交うグループの中では、瞬時の判断と、グループ状況への介入、そして率直な自己表明が求められ、しかも各メンバーからの多様なフィードバックが得られるので、自分の発言がどう伝わったのか、どの程度適切なものだったのかがすぐさま突きつけられるということになります。こういったグループ経験は、自分の中のバランスを取るには必須の作業であると位置づけています（良質のケース・カンファレンスでも同様のグループワーク的な"伝える"作業の吟味という機能があるでしょう）。

4・3 両者のあいだにあるもの

4・3・1 異質性と同質性——共感をめぐって——

人間相互の関係性を考えるさいに良く取り上げられる視点として、異質性と同質性というものがあります。面接の有効性を検討した研究においても、人種、性別、社会的階層、思想・価値観・宗教、等の組み合わせが、問題になることがありました。同じほうが理解しやすいのか、それとも異なっているからこそ、より有効なコミュニケーションがなされることもあるのか、何か似たものを感じるからこそ最初の出会いの時の安心感

が得られ（または抵抗感を感じ）るのか、その後の面接の経過と共に、お互いの相違が自他を吟味し、ぶつかっていく材料となってより意味のある交流が可能になるのか、等々想いをめぐらすことができそうです。

例えば、心理臨床のような、ひとと関わり、支えようとする仕事に関わろうとする方は、恐らくは何がしかの必然性があり、けっして楽に生きてきた訳ではないという感覚があるからこそ、このような仕事を目指されたのではないかと思います。ですから、苦労してきたひとほど、何らかの問題を抱えているクライエントに対して、より理解しやすい素養を有しているとは言えるかもしれません。しかしそのような場合でも、やがて"違うなあ…どうしてだろう？"と首をかしげる機会がくるはずですし、どうしても共感しにくい種類の主訴や思考、感じ方を持つひととの出会いも生じてくるはずです。

いずれにしろ、当初は同質性、ある種の一体感、といったものが、交流をスムーズにし、促進しやすくすると一般には言えるでしょう。しかし、人間の本質的な出会いと関係性の展開を考えるとき、将来的には、お互いの相違を越えて、異質性をも認め合い、尊重し合った交流が行なわれることが望まれます。

4・3・2 共鳴し合うもの

共感より以前の、ひととひととのあいだで自然と伝わるもの、あるいはノン・バーバル（非言語的）に伝わるものの存在を感じることがあります。外見・表情・気配で伝わり合う何か、でしょうか。

言葉が十分には出ない幼児とのプレイセラピーにおいて生じたことなのですが、言語的な交流は「あー」とか「きゃー」とかの歓声がほとんどで、からだをフルに使ってのぶつかりあいが一時間近く続いた後のことでした。ほとんど力つきたセラピストがプレイルームの床に大の字の形にうつ伏せに横たわると、その背中に幼児が乗っかって、まったく同じ大の字の形で背中合わせに重なってきました。そしてお互いの荒い息づかいが、次第に静かで緩やかなリズムのものになり、やがて波長が合っていくこととともに、同じ大の字の形のままで二人ともうとうとうたた寝を始めてしまったということがありました。そして、目が覚めたらちょうど終了の時間になっていました。

こういったことは、ともにそこに居ること、そして交流し合えたからこそ、生じてくることなのだと思います。プレイセラピーでより体験しやすいことでしょうが、面接場面でもこれに近い経験は生じているはずです。

4・3・3 共有するイメージ

面接やセラピーの場において、クライエントが表出するメッセージを、カウンセラーは出来るだけそのままに受けとめようとします。それはあたかも両者の間にある机の上に、あるいはその机の上の空間に、クライエントが語る世界のイメージを築き、大切にその感触を確かめ合いつつ、膨らませていくような営みでしょうか。あるいは、そのイメージは両者が息づいている空間全体を包むものとして存在するものかも知れません。たとえその場が沈黙のままであったとしても、二人のあいだには共有される何がしかのイメージがあるように思います。またそれがお互いに感じられないときには、面接の場はひどく落ち着きのない場所になります。

追求すべき対象や問題がクライエントの中にあるようにわれわれは思いがちです。しかしクライエントの内面を突き詰めて、問題の核心をえぐり出すような姿勢で臨んでも、何らサポーティブな作用をもたらさないことが多いように思います。

逆説的な言い方になりますが、そういったことをより明確に意識することが難しいという言い方がよわりにおいて、いわゆるスチューデントアパシーとされる青年との関ライエントは無気力状態を心理的な問題として捉えることが難しいという言い方がよくされますが、それだけこころのあり様に直接に焦点を当てることが恐い、そうするとパ

リッと割れてしまいそうなほど薄く繊細なこころを持っているということなのだと感じられることがあります。ですから、面接で向かい合ってはいても、お互いに正面を見すぎない、視線を合わせすぎない、斜め向こうに（あたかも窓の向こうの遠い何かを見遣るかのように）同じものを漠然とでも見られていれば良い、そんな感じで会っていることが多いような気がします。二人が共有するイメージが、二人のあいだではなく、斜め向こうの世界にあるという感覚でしょうか。アパシーの青年との面接と比べると、他の方がたとの面接では、共有するイメージはよりはっきりと、二人の間に存在するような気がします。

各種の技法や心理テストも、両者のあいだに存在するイメージをより豊かに膨らませていくために、あるいはクライエントとカウンセラー双方のイメージをいっそう一致させていくために用いられるものとして位置づけることが出来ます。

こういった共有されたイメージがどのように展開していくかについてはまた後述したいと思います。

4.3.4 第三者が介在するとき

面接の始まりが、知人や先生の紹介であったりすると、「あの先生の手前、うまく話が進まないとまずいなぁ…」などと考えたりしてどうも余計な力が入ったり、邪念が入っ

たりして、カウンセラーとしての自分が自由ではなくなってしまうことがあります。目の前のクライエントとの関係だけではすまなくなってしまっているということでしょう。同様に、クライエントの関係者、例えば親御さんとか担任の先生とかの面接になると、別個に会うにしろ、同席面接にしろ、クライエントの話を何よりも大切に受けとめようとするスタンスで構えているカウンセラーにとっては、シフトチェンジを求められるような気分になることがあります。一つの指針は、取りあえずは"関係者と会っている"いつもとは違う役割もこなしながらの自分であることを自覚し、またクライエントにも"いつもとは違う対処様式で臨んでいるところがある"ことを伝えつつ、面接の中で確認し、消化していくそのうえで、第三者が介在することで生じた影響を、面接の中で確認し、消化していくことになります。

一方、グループ経験や集団療法での交流では、各メンバーとの関係は基本的にスタッフとメンバーという関係なので、（カウンセラーとして個人面接を担当している方とそうでない方とが混ざっている場合にはもちろん配慮は必要ですが）そのグループ全体で共有できるイメージというものを皆で確認し、作り上げていくということになります。

またひとつではありませんが、種々の媒介物が介在する場合も、面接関係に影響を与えます。現在の職場では、休学や復学にさいしての「意見書」を書いたり、他の相談機関

や医療機関に「紹介状」を書いたりすることがあります。そうするともちろんクライエントは感謝してくれますし、次のステップに動きやすくなります。しかし面接関係においては、一時的にクライエントはカウンセラーを頼りにし、依存的になるように感じます。その関係に甘んじてしまうと面接が深まりにくくなることがあるように思います。同様に、クライエントの方からのおみやげやお歳暮などに私たちが戸惑いを感じるのは、共有するイメージの世界で成り立っている二人の関係の中に、現物が入り込んでくることとの違和感があるからではないかと思います。

媒介物という視点からは、クライエントの方から「カウンセラーって薬が使えないから大変じゃありません？」と尋ねられることがあります。医療的なケアも受けているストイックな存在であり、そういうものだという自覚から始まる関わりだからこそ、（やはりあるクライエントの方から言われたことですが）カウンセラーは「分をわきまえている」存在だからこそ、出来ることがあるのだと思います。

クライエントとの関わりで、薬をめぐる種々の想いが話題になることがしばしばありますが、もし心理臨床家自身が薬の投与が可能であったら、面接の組み立て方は決定的に異なってくるでしょう。

4・4 両者のあいだで起こること──出会うことの大きさ──

「構造」の章でも触れましたが、心理臨床家が通常クライエントとお会いする時間は、一週間に一回、ほぼ一時間であるとすれば、残りの六日と二三時間は、クライエントは一人で過ごしたり、あるいは他の方々との関わりの中で生きています。しかし面接のその一時間が単なる一時間ではなくなってくる、ということと同様に、カウンセラーという一人の人間との出会いが、どうもかなり大きな出会いであるらしいことに思いを馳せる必要があります。日常生活の中で出会う様々な人びとと何が違うのか、そして共通点が何なのか、少し考えてみたいと思います。

4・4・1　関わりのプロセス

初回面接という最初の「出会い」は、心理臨床家という専門家と、援助を求めに来たクライエントという明確な立場の相違があります。ある意味では不自然で人工的な設定の中で、何かが通じ合うまでには、それ相応の時間や、必要なプロセスというものがあるでしょう。とくに本人の意志で来談した訳ではない場合にはなおさらです。

クライエントは、安心して面接室という場に居られるようになるために、心理臨床家という不可思議な存在との交流を始めてみようという気持ちになるために、いくつもの

戸惑いと揺らぎを経験するはずです。かかわりのプロセスが始まるさいのためらいを最も強く感じた経験を紹介してみましょう。

学校にも行けず、人と関われないままに閉じ込もりがちであった青年が、親御さんに連れられて来談された時のことでした。カウンセラーは面接室に二人で入った後、本人に「今日はどう言われて来たのですか？」「どういった形で力になれるかを考えてみたい…」等々の言葉を青年にかけてみます。しかし彼は、こちらからの問いかけに一切応えず、ひとりの世界にこもったままです。そして外界からの刺激とは全く関係なしに一人でクスクス笑い出しては、またしかめっ面にもどるということの繰り返しでした。いわゆる独笑・空笑を繰り返すのみで、まったく交流が始まる糸口をつかめないままにそれぞれが佇んでいたのでした。どれほど時間がたったのか、やがて、彼は面接室にあった箱庭のパーツから九㎜ゲージの列車を取り出し、緩くカーブした線路に乗せて前後に行き来させています。カウンセラーは「列車が軽快に走っているのって気持ちいいね」と言葉にしてみたり、あるいは列車の前後動に合わせて視線と体を動かしてみたりと、何とか接点を持とうとしますが、変わらず青年は一人笑いを繰り返すのみです。そのうち彼は、列車を手離して、持参したカバンからマンガを取り出しました。とても中身を読んでいるとは思えないほどの速さでサラサラと頁をめくりながら、なぜかまたも笑い出

します。カウンセラーは完全に取り残されたまま、すでに四〇〜五〇分は経過していました。"もう駄目かもしれない。全く関われないままに面接時間が終わってしまうのか…"とほとんど絶望的な気持ちになってしまっていました。

ところがその時に、ふとあるページで彼の手が止まり、一瞬の間が生じたように思われました。こちらからも見えるマンガのキャラクターの破天荒な笑顔に思わず「両さんっておもしろいね！」と一言かけると、青年は満面の笑みを浮かべて、そのマンガのストーリーとセリフを大変なスピードで語り始めたのでした。その世界の楽しさを精一杯こちら側に伝えようとしてくれているのが分かって、カウンセラーも少し涙ぐみながらうなずきつつ、そのセリフを受けとめていきました。以後青年は毎週かならず来談するようになりました。

今から振り返れば、初回面接で経験した、カウンセラー側のどうにも関われないもどかしさや無力感・絶望感は、青年が何年にもわたって置かれていた環境とその間の心理的状況を反映していたのだろうという理解も出来ますが、その場では、何も出来ないままにひたすら右往左往していたのでした。

また、こういった確かめの作業、例えば「ここはどういった場所なのか」「何をするところなのか」「あなたはどういうひとなのか」といった問いかけは、初回面接に限らず、

面接のプロセスの折おりでしばしば行なわれているはずです。

4・4・2 取り入れと相互作用

"カウンセラーのにおい"を嗅ぎ取るとでも言うのか、"あのカウンセラーのもとにはある種のタイプのクライエントばかりが集まってくる"という言われ方をすることがあります。実際にどうなのかは何とも言えないところがありますが、複数のスタッフがいる場合の役割分担として、あるいは意識的に関心を持ってあるタイプのクライエントに積極的に会おうとする場合、徐々にそうなることはあるかも知れません。あるいは、長期にわたる面接を続けているクライエントが多くなるとひょっとすると（家族の子供たちのように、ある学校・学派の教え子集団のように）何となくある色合いに染まった方々が集まっているように写ることもあるのでしょうか。そうであれば、カウンセラーの会い方が問われることになります。

私の体験でも、あるクライエントの方が、長期の面接の中で身ぶり・手ぶりでの表現が豊かになってこられたと感じられたときには単純に"感情表出がスムーズになされるようになったのだな"とうれしくある時、カウンセラー自身のしぐさととても似ていることに、はっと気づきました。彼の話の重みあ

る内容に応えるために、言葉を振り絞るかのごとく、身ぶりを交えて語ることが多かった、自分の動きそのものでもあったのです。

クライエントがカウンセラーの諸側面を取り入れることはしばしば生じているようです。カウンセラーをモデルにして、とも言えますし、クライエントの方がたはカウンセラーの態度や深層まで含めたこころのあり様にとても敏感なものなのだと思います。

また逆に、クライエントの諸側面にカウンセラーも当然ある程度は影響を受けます。少なからぬカウンセラーが、クライエントの気分や行動上の特徴を面接終了後も引きずってしまう経験をしていますが、それは職業上必然的に生じることで、親身になって関わろうとしたからこそであり（生じない場合は、むしろ会い方に問題があるのかも知れません）、あとはその状態がいかに他のクライエントの方との面接や他業務、日常生活に影響しすぎないように納めていくかが、プロたるゆえんとなってくるのでしょう。

4・4・3　転移・逆転移・投影

クライエントとカウンセラーは、相互に独立した人間として会うわけですが、程度の差こそあれ、いわゆる転移・逆転移といわれることが生じてきます。

しかし、これは起きて当たり前のこと、という気がします。これまでに会ってきたひ

との誰かと目の前のひとを重ね合わせてみることは自然なこころの動きですし、カウンセラーをどのような人間として見ているか、彼・彼女がこれまでに会ってきたひとの中でどのような位置づけを与えられることになるのか、を考えていく貴重なヒントともなります。また〝転移性改善〟という言葉がありますが、やっとの思いで相談の場に訪れた方が、思いのたけを伝え、そして受けとめられたと感じたときに、まだ一～数回の面接で、たとえ内的な変化が生じていなくとも、一時的に安定・改善することは十分にありうることでしょう。

一方で留意点として、依存的な転移を必要以上に起こさせないことが肝要なのだと思います。カウンセラーがもし権威者としてあれば、あるいは評価者としてあれば、よりその依存を強めてしまい、自ら問題に取り組んでいこうとする姿勢や方向性が変質し、カウンセラーの意向に沿おうとしたものになるかもしれません。

関連することですが、クライエントに近くなりすぎたり、手続きや交渉ごとまで引き受けてしまいたくなることがあります。大きな存在である人間（カウンセラー）が動きすぎると、その影響力は思いのほか、大きいものになってしまうことがあり、カウンセラーへの依存をさらに高めたり、本人が動くべきところなのにその力を削いでしまうことになることもあります。それだけに、心理臨床家は

自らをストイックな位置づけに留めておくことが必要な気がします。

少し余談になりますが、私の場合、とくに若いころは、女性クライエントとの面接は短期間（おおよそ一〇回以内、長くとも二〇回以内）で終わることが多かったという経験があります。転移・逆転移をどこかで気にしてなのか、お互いの距離感を適度に保ちつつ交流し、あまり内面的なところには踏み込み過ぎずに、当面の問題が解決したところで（あまりややこしいことにはならずにすっきりと）終結にいたるという形でした。もっとも最近は自分が年を重ねてきたせいか、かならずしもそんな感じではなくなってきましたが…。

また経験を重ねても、自分の側の考え方・感じ方・気分に捉われて、つい相手も同じように感じているのではないかと思い込んだり、あるいは相手のあり様を曲解してしまうことがあり、冷や汗をかくことがあります。これは投影ということになるのでしょうが、相手と自分のコンディションや、どの程度自分と他者を重ねてしまう傾向があるのかについて、十分に気を配らなければならないと感じますし、必要に応じて、相手に確認する機会が必要だと自分を戒めています。

4・4・4 関係性が問われるとき

ここで改めて言うまでもないことですが、カウンセラーは家族や友人、恋人ではない

わけですから、全面的に一人のクライエントと彼・彼女の問題を丸抱えできる訳ではありません。そこでカウンセリング関係でどこまで支えるものなのかということが、問題になってきます。

大まかに言えば、何とか独力で、あるいは周囲の人々に支えられて、（少なくとも次回までは）生きていけるだろうという感覚と、次回にはまた必ずカウンセラーと守られた時空で交流できるのだという確信が得られれば良い、ということになるでしょうか。

ときに"頼られている（頼られたい）""力になれている（力になりたい）"とか"クライエントに何かあったら（自分が）困る"等のカウンセラー側の無意識的な願望や不安が反映されてしまうこともありえます。クライエントへの信頼（広い意味では人間存在への信頼）と、冷静なアセスメントとのはざまで、どこまで関わるかの判断をしていくことになります。

またクライエントとカウンセラーの二者関係に両者が埋没してしまっては、すなわち必要以上に関係性が面接のメインテーマになってしまっては、プロセスが進展しにくくなってしまいます。「構造」の章でも触れたことですが、"もっと関わることを求める"クライエントに対し、あるいは"もっと関わっていきたくなる"クライエントに対し、本来の面接の目的が何であったのかを再確認していくことが必要になるでしょう。面接のプ

ロセスの中で語られるべきストーリーは"あなたとわたしの物語"なのではなく、クライエントが歩むシナリオをていねいに読み、これからのシナリオを書き綴っていくことであるはずですから。

4・5 可変的かつ柔軟な関係性

4・5・1 多様な自分を経験すること

相談に訪れる方にとって、その個人のネットワークの中で、カウンセラーはどのような人間として登場するのか、ということにはつねに留意しておきたいと思います。新奇で不可思議な存在かもしれませんし、だれかとイメージを重ねているかも知れませんし、これまで求めても得られなかった存在として位置づけられるかもしれません。クライエントにとってカウンセラーが（同様にカウンセラーにとってクライエントが）、ある時期には教師のように（権威的で威張っている教師もいれば、理解ある歩み寄る教師もいるでしょう）、ある時期には友人のように（おしゃべり友だちだったり、行動を共にしてはしゃぎあう友だちだったり、語り合う親友でもあり）、ときには家族のように（父性や母性、時には子ども、きょうだい葛藤）…といった多彩な色彩を帯びつつ、関係性は柔軟に変容していきます。カウンセラーは、その時どきにもっとも相応しい関係

を、微修正を加えつつ、クライエントと結び続けていくことになります。そして双方が、多様な関係性を経験することでこころの幅を広げていくことにつながり、やがては、そのひとらしいあり様をかたちづくっていく土壌を用意するということなのだろうと思います。

4・5・2　ともに歩む道のり

カウンセリングやプレイセラピーでの経験は、お互いの立場や違いを越え、さらには（見たこともない世界へ）境界を越えるところに変化が生じるように感じられることがあります。面接場面での二人は、価値観から自由になって一つに固まっていないあり方で交流していこうとします。すると、軽やかに空想の世界を飛び回っているように思われる時もあれば、山脈を尾根づたいに歩むがごとく、生と死の境をイメージの中で行き来し、ぎりぎりの面接を繰り返すうちに、生へのベクトルが生まれて来ることもあります（実際に死を見つめ、生に見切りをつけようとしているひととの面接ではまさに一回一回がそのようなものですが、かならずしも生死が直接に語られなくとも、同様の道程を歩んでいるように感じられる時があります）。時に冷や汗ものの経験ですし、時にこれまでの慣れ親しんだあり方が揺さぶられるこ

ともあります。たとえば、プレイルームで自分の殻をようやく割って自己表現を始めた子どもが学校や家庭で"乱暴になった"とか"別の症状が出てきた"といった具合に、一端悪くなるように見えることもしばしば経験されます。ひとのあり方が再体制化されるためには、ひとまず、良い所も悪い所も一つづつ剥ぎ取って脱ぎ捨て、改めて順番に着なおすような作業が必要なのだというイメージでしょうか（もちろん一気に脱ぎすぎて、風邪を引かないように気をつけなければなりません）。

歩こうとする道のりには、詳しい地図はなく、たらたらと変化の少ないつまらない光景が続くように思われる時もあれば、突然襲ってきた嵐の中を駆け抜けようとするかのごとく感じられる時もあります。こちらからプロセスや相手の意向を無視して扱うテーマを押しつけることは出来ません（管理や操作に感じられてしまうことがあります）。歩む方向性や速度は、両者の関係性の中で定まり、また転換していくもののようです。そこでは、専門性によって吟味され、鍛えられたうえに立つ、個性とか人間性をもった関わりが、真に援助的にあるいは治療的に働くのであろう、と思います。その意味では、心理臨床家は専門家であって専門家ではないという二律背反を生きながらその道のりを共にします。

4・5・3 関係が終わるとき —— ひとりで歩むために ——

ともに歩む道のりを進めていくうちに、いくつかのストーリーが語られ、そして新たに綴られて、やがてひとりで歩もうとする地点に到達することになります。明確に終わりがあるということは、日常の人間関係と明らかに違うところでしょう。"一生もののケース"と言われるくらいに長く続く面接があったとしても、やはり終結はどこかで意識されます。面接を取り巻く諸条件（構造）ゆえに、半ば強引に終結に至らざるをえない場合も多々ありますが、その場合には、その条件と終結をどのようにそれぞれが納めていくかが課題になります。基本的には、終結はお互いの"ひと区切りついた"という感覚で決まることになるでしょう。

何年にも及ぶ面接を繰り返してきた青年の様子が、周囲の方がたから見ると「もうこの場でも大丈夫そうだ」と映り、面接を終結させる方向で話が進みかけたことがありました。ご本人にそのことを確認すると、表向きは構わないような素振りだったのですが、その日に見せてくれたマンガの世界が"火事や戦闘のシーン"ばかりで、人びとが泣き叫びながら逃げ惑う様子をそれとなく指す示すというようにイメージで気持ちを伝えてきたのでした。そこで、カウンセラーとしては周囲の方がたにお願いして、もうしばらくの面接継続を承認してもらい、数か月かけて、面接がなくとも生活を送っていける

状態を確認してから終結に至るということがありました。

様ざまな関係性を柔軟に結びうること、あるいは意識しうること、ひととひととの間で生じていることに敏感であること、関係性の始まりと変容、終わりに開かれていること、等々、考慮・配慮すべきことが実に多々あることを感じます。

5 新たな地平
―― ボランティアから学ぶもの――

前章まで、ひとと関わる専門性の意味について、心理臨床での経験をもとに、三つの視点から語ってきました。本章では、専門性との対極にあるともいえるボランティア活動について、やはり経験をもとにしてふりかえってみることで、ひとと関わり、サポートしようとする活動の本質について考えてみたいと思います。

5・1 サポートの本質

5・1・1 ボランティアの現在

一〇数年前まではボランティアは"強い目的意識を持ったごく一部の人々のみが行なう特殊な行動"として、大多数の人びとからは、敬意を払われつつもどこかで敬遠されがちな傾向があったように思います。しかしながら近年、ボランティアという言葉は、しばしば人々の話題に上り、多くの関心を呼ぶようになってきました。阪神・淡路大震災や日本海重油流出事故で献身的に働くボランティアの姿を初めとして、様々な活動が

各種新聞やテレビ番組で取り上げられ、関連する書籍も多く発行されるようになってきています。また、各種のサークルやネットワークが各地で形成され、企業によっては社会貢献の一環としてボランティア休暇制度が整備されつつあります。ボランティアに関する情報も得やすくなってきており@A、人びとの中に潜在していた"自分を生かしたい"、ひとの力になりたい"という思いを形にする機会を持ちやすくなってきているのだと思います。普通の人がごく自然に取り組め、参加できるものにようやくなりつつあると言ってもいいかも知れません。

この大きな流れは、

(1) 社会が成熟し、人々の暮らしやこころに余裕が生まれつつあるため、という側面と、

(2) 管理社会が閉塞状況となり、個人個人が分断されている行きづまりを打破するため、という側面の双方が作用していると考えられるでしょう。

一つの専門職として成立しているものであれば、その専門性による援助を受ける対象者もまた想定しやすくなりますが、ボランティアは、きわめて多種多様な形態がありうるため、専門家としての種々のヒューマンワーカーと同列に論じられない部分もありますが、一方で、ひとをサポートする専門職の原点とも言えるだろうと考えています。

5・1・2 ボランティアの役割・仕事内容——ボランティアとは何か——

ボランティアは元もと、志願兵、奉仕者、"意思のある人"という意味の言葉ですが、社会学的には各種の定義づけ、位相、系譜があり、極めて多義的な様相を呈しています。昨今では有償ボランティアという概念も出ていますが、一般には、その特徴として

(1) 自らの意思で参加し（自発性、主体性）、
(2) 報酬を求めず（無償性、無給性）、
(3) 公共の福利のために（公共性、社会性、連帯性）、
(4) （行政や既成概念等の）従来の枠組を超えた働きをする（先駆性、補完性、架橋性）、といった原則、性質で括られる諸活動と言うことができます。

5・1・3 ボランティアの活動範囲・種類

活動範囲には実に多種多様なものがあり、かならずしも直接的にひとに働きかけるものには限りません。文献を参照しつつB、C、範囲べつにボランティア活動を整理し直してみると以下のようにまとめられるかと思います。

〈人をつなぐ媒介物に焦点があたるもの〉

(1) 地域活動型——環境整備（リサイクル、町内清掃）

5 新たな地平 —ボランティアから学ぶもの—

(2) 自然保護型——(ナショナルトラスト、緑化運動、野生生物保護)

(3) 文化活動型——スポーツ指導(少年サッカーや野球のチーム)、文化の伝達(伝統芸能の継承、伝統行事の開催)

〈当面の問題に焦点をあてるもの〉

(4) 問題解決型——行政・社会への働きかけ(署名運動、投書運動、選挙、消費者運動)、社会的弱者への支援(募金、裁判、人権問題)

(5) 国際交流型——在日留学生・外国人への援助(生活相談、日本語学習)、海外での活動(NGO、青年海外協力隊)

(6) 心身提供型——献血やアイバンク登録

〈人間への援助・交流に焦点〉

(7) 危機介入型——災害・避難民援助

(8) 教育配慮型——(子供会、セツルメント、各種キャンプ)

(9) 社会福祉型——老人福祉・介護、障害者援助(点訳、手話、外出介護)、心理的援助(いのちの電話、非行少年更生)、行政委嘱型(民生委員、保護司、等)

といった分類が可能でしょうか。

これらは大きく分けて、活動の方向性から、"サービス型ボランティア（当事者や団体に対して直接に働きかけていく活動を中心とするもの）""アクション型ボランティア（様々な課題を社会的に働きかけていく運動を中心とするもの）"という二種に分けることが可能です。

また、関わりの継続性から、

(a) 一過性・一時的なボランティア、

(b) 登録して待機しているボランティア、

(c) 継続的に関わり続けるボランティア、

という違いもあります。

広義のボランティアに含まれる諸活動のすべてにおいて、ヒューマンサポート的な側面が含まれることになりますが、ここで考察の対象となるのは、福祉性（利他性）をもって、人に直接に関わるボランティアE～Gが中心的なものとなります。このように見わたしていくと、専門職としての心理臨床を目指すということがどういう位置づけになるのかを考えるヒントになるのではないでしょうか。

5・2 ボランティアに必要なもの

5・2・1 動機づけ

ある個人がボランティアというこの未知の領域に足を踏み込むというようにして生じるのでしょうか。一般に、動機づけは、個人の内部の心理的な意思決定と、個人のおかれている状況との相互作用から高まっていくと考えられます。個人の中の興味、関心、問題意識が一方の要因であり、個人を育ててきた周囲の環境や教育、あるいは、ボランティアに関する情報や紹介者に触れる機会があるかどうかというコミュニティの現状がもう一方の要因となります。その接点で「自分にできるだろうか」「人からどう思われるだろうか」といった葛藤の中で個人はボランティアに関わり始めていくことになります。

5・2・2 求められているものへの理解

次いで必要なことは、自分が参加するボランティア活動がどのような場で行われ、どのような人・役割が欲せられているのかを見定めることです。現場の人びとの手の届かない部分をおぎなう場合もあれば、一人の人間として行動する、言わば存在そのものが意味をなすという場合まで様ざまですが、求められる専門性の度合いから、やはり文献

(5) をもとにまとめ直すと、

(1) 一般ボランティア～とくに備えるべき知識や技術はなく、一人の人間としての当たり前の労力や気遣いの提供を行なうもの（資料の整理、災害援助、等）

(2) 特技ボランティア～経験や研修の積み重ねによる独自の知識や技術を生かして活動を行なうもの（点訳、介護、伝統芸能の伝授、等）

(3) 専門ボランティア～職業上の専門教育・訓練を受けた人がその専門や技術を生かして活動を行なうもの（医師や看護婦による医療的な活動、カウンセラーによる相談活動、弁護士による法律的な相談、等）

という三種に分けて考えると理解しやすいでしょうか。

5・2・3　必要な知識・技能の習得

前項に照らし合わせて、求められるものが理解されたら、当然それを身に付けていくプロセスが必要になってきます。こちらの手持ちの知識・技能があっても、関わる集団・個人によってニードは多彩であり、当然調整が必要になってくるのです。あらかじめ各自で学習し、練習しておくものや、事前のオリエンテーションや研修で習得するものもありますが、実際に活動に携わっていく中で、その必要性を実感しつつ同時並行的

に身に付けていくことも少なくないでしょう。

しかし、まったく受け身的に活動していたのではボランティアたる理由がなくなってしまうことになりかねません。就業契約に基づいて与えられた仕事をこなすのとはまったく異なるのであり、みずからの希望に基づいて、自主性を発揮してこそのボランティアであろうと思われます。また、役割を果たすためには、活動の中で発見した様さまな事項に基づいて、みずから工夫して、適切な物品・プログラム・組織形態を創り出していくことがどうしても必要になってきます。そもそも他のだれでもないこの自分が対象者に向かい合うのですから、必然的に、その関わり方・活動形態はオリジナルなものにならざるをえないはずです。

"動機づけ" "求められているものへの理解" "必要な知識・技能" "自分らしさの発揮" という四点は、心理臨床や種々のサポートに関わる専門職のあり方にそのまま通じるところがあるように思われてきます。

5・3 柔軟な構造・関係性・テーマ――ボランティア経験から――

ここではかつて筆者が一〇数年にわたって関与した、ある慢性疾患を有する子どもた

ちとの療育キャンプを中心とする関わりをもとに、ひとをサポートすることの本質を考えてみたいと思います。

この疾患は発病率がそれほど高くなく、同じ学校に疾患児がいることはまれなため、周囲の理解が得にくい側面があり、どうしても疾患児は孤独感を抱きがちですが、注射、食事、運動を柱とする自己管理さえしっかりとしていれば、ほぼ健常児と変わりのない生活を送れるようになります。そのため、キャンプでは「疾患の受容」と「自己管理（セルフ・コントロール）」という大きな目標を掲げ、またここで得られた友人関係がお互いを支え合う仲間となっていくという意義がありました。

5・3・1　同世代の関わる力——小学生同志のいさかいから——

一〇日間のキャンプも半ばほどまで日程を消化したある日の夕方、小学生の部屋で、初参加の六年生A君が二段ベッドの上で一人でゲームに興じていました（キャンプではなるべく一人遊び用のゲームは持ち込まないように指導しています）。年長でありながらも、気が小さく、またひとり言のように話すことの多いA君は、ここまでほとんどいつも単独で行動し、ときおりお気に入りのスタッフにつきまとうという行動パターンを繰り返していました。それを見つけたやんちゃで行動派の五年生のB君は、早速「おまえ

ずるいぞ！」とベッドに駆け上がり、そのゲームを取り上げてしまいました。しかし、B君は初めは"決まりを守るため"という姿勢を見せていたのですが、やがて部屋の片隅に陣取って今度は自分がそのゲームに熱中し始めました。それを見たA君は、激しく泣きだし、半ばパニックになりかけていました。ちょうどその時、ボランティアスタッフが「おやつの時間」を告げるためにその部屋に入室してきた。おおよその状況をつかんだ上でさてどうしたものかと思案にくれていると、B君が「つきあってらんねえや。俺はおやつを食いにいくよ」と退室しようとしたのです。相変わらずA君はしゃくりあげたままでいるのに、お前は放っておくのか！」そこで思わずスタッフは「A君がこんなに必死な思いでいるのに、お前は放っておくのか！」とB君を一喝してしまいました。するとB君も覚悟を決めたのか再び腰をおろし、三人で車座になって座り直しました。泣き続けるA君は、抗議の言葉を吐こうとしてもなかなか明瞭な発声にならないままで、スタッフは言葉になるまで待ち続けようとしたのですが、B君は突然業を煮やして叫びました。「おまえ、そんなんじゃだめだ！そんなじゃだれもお前の気持ちなんかわかってくんないぞ。病気とか何とかは理由になんねえぞ！ちゃんと自分で言わなくっちゃいけないんだ！」とスタッフもどこかで感じつつあった言葉がB君の口からほとばしり出たのでした。言われた側のA君はさらに激しくしゃくりあげていき

ます。しばらく彼の泣き声だけが部屋中に響き渡る…。しかし驚いたことに数分の後、気持ちが落ち着いたA君はいままでに聞いたことのないようなはっきりとした口調で自分のことを語り始めたのです。「自分はどこでもそうなんだ…。学校でもそんな調子で、病気のこともちゃんとは言えずにからかわれてる。でも何も言えずに…だから一人でゲームしてるしかなかったんだ…」途切れ途切れながらも、しっかりと語り、次第に表情も和んできました。これを聞いたB君も「そうだったのか…そうとは知らずに大事なゲームを取っちゃって悪かったな…ごめん」と素直に頭を下げました。ここでひとくぎりついた雰囲気となり、3人でおやつを静かに食べていきました。やがて食堂から他の児童たちが帰ってきて合流し、部屋はいつものにぎやかな様子に戻っていきました。その後、A君は、無理せずにつきあえる年下の子供たちと遊ぶようになり、相変わらず口数は少ないものの、治療にもプログラムにも積極的に関わるようになり始めたのでした。子どもどうしのダイナミックなやりとりとその影響に、スタッフ側が学ばされた出来事であったと言えるでしょう。

5・3・2 同質性ゆえの支える力――中高生の話し合いグループでのやりとりから――

このキャンプでは、毎晩一時間半程度の時間枠で、とくにスタッフからはテーマや進

め方を定めない、いわゆるベーシック・エンカウンター・グループに近い形をとる、中学生・高校生による話し合いグループを設定していました。そのグループの最初の日、一〇人ほどの中高生と、キャンプのOB、OG、そして健常者スタッフ二名が車座に座りました。まず毎年のように参加している子供がある程度リードするかたちで、全員が自己紹介と参加動機を語りました。発病して間もない初参加のC君は、口数も少なく、経験者のはなしに耳を傾けるとともに、過去のキャンプの文集に食い入るように目を通し、キャンプの世界に溶け込もう、みんなに追いつこうと必死の様相でした。最初の三日間ほどは、各児が食生活の工夫や、学校で具合が悪くなったときの対処の仕方など、疾患に則した自分の体験を語り合っていました。穏やかにグループの凝集性が高まりつつある中で、ある日、このキャンプが自分たちにとってどのくらい大事なものであるかについて話が及ぶにつれて、突然、C君が、スタッフに対して面と向かって質問を投げかけたのでした。「何のためにこのキャンプに来ているのか？そもそも病気ではない人に私たちのことはわからないだろう？」その発言に歩調を合わせるように他の子供たちからも「ボランティアって、なんかうさんくさい」「カウンセリングの勉強のために来ているのでは？」といった発言が出てきたのです。それまではスタッフとして子どもたちの世話をすればいいという役割に停まっていた感のあるスタッフはとまどいました。「すこ

しでもみんなの力になりたいと思ったのは本当だなあ、と思ったが、だんだんと、自分たちとどこが違うのか?…という気持ちもでてきた」と、しどろもどろになりながらも必死に言葉を探します。しかし、子どもたちはなかなか納得しないようで、とうとうその日のうちには明確な答にはなりえないままでした。

ただ、少なくとも真摯に自分の気持ちに立ち向かおうとしたスタッフの姿勢は子供たちに通じたようでもありました。その後C君は、数ヶ月前の発症時に生じた「自分になぜこのようなことが?」というとまどいややり場のない怒り、そして「嘆く両親を見て益ますやりきれない思いになった」経験など、この間の揺れ動いた気持ちを一気に語りました。このはなしを受けて、発病して間もない子どもは同様の体験を、幼少時に発病した子供は疾患とそれにまつわる生活を受け容れていった過程を、C君を支えるようにしつつ語っていきました。翌日のグループから、子どもたちは「この疾患を持っていたうえで、いかに生きていくか」「疾患を持っているからこそ学んだもの、得られたこと」について積極的に語るようになっていきました。また「自分たちを理解しようとしてくれるスタッフのような人がいてくれてうれしい」という言葉もきかれるようになったのでした。

グループの中では、同じ疾患を持つという「同質性」がお互いの理解や相互援助を容

易にし、また発病が早い（疾病経験が長い）児童はまだとまどいの多い発病後間もない児童のモデルになるという「先駆性」を発揮して、そしてそのうえで、お互いに違う人間なんだという「異質性」を認め合うというプロセスが生じてきています。大きくとらえれば「セルフヘルプグループ」的な側面をこの活動は有していたと言えるでしょう。

キャンプあるいはグループという「構造」の中で、疾患及びそこにまつわる想いを「テーマ」としつつ、種々の「関係性」を経験する中で生じた相互サポートの力にスタッフの側が驚かされることがしばしばありました。

5・4　関係性の変容

特定の疾患を有しているがゆえの心理的な困難さやその特徴をある程度まとめることは可能でしょうし、知識として、その障害・疾患の特徴とその影響を考慮することはサポートする際の前提条件ではありますが、ボランティアとして関わるさいには、そこに捕われていてはその役割を十分には果たしえない恐れがあります。ボランティアは柔軟に関係性の変化に応じた理解と関わりを進めていく必要があるのだと思います。

本節では、スタッフと疾患児との関わりを順を追って考えてみましょう。子どもたち

は疾患を持ち（少なくとも当初は）専門的知識を有せず、サポートを受ける側である、つまりスタッフと疾患者は「異質」な存在であるとひとまず考えることが出来ます。しかし活動を通じて、その関係性が大きく変容していくことになります。

5・4・1 「健常者―障害者（ハンディキャップのある者）」からの変化

3・2 でも示されているように、スタッフは対象者を「障害をもつ者」として見、また子どもたちはスタッフを「自分たちとは違う存在」として見ることがあります。ある意味ではスタッフは、最も「異質」な存在として彼ら自身の在り方を対象化する作用を果たしていたとも言えます。しかし、交流が深まるにつれて、障害を抱えていようがいまいが、あるいはハンディの質や程度は様ざまであっても、両者ともにそれぞれの生を引き受けて生きていく存在であることに気づいていきます。そして疾患児、ボランティア（健常者）双方が障害を受容し（あるいは障害と感じなくなり）、遠い存在であったお互いを受け入れていくことになっていくプロセスが進みます。

5・4・2 「奉仕者―享受者」からの変化

ボランティアとして参加するスタッフはサポートを施す役割を担っており、自分が対

象者のために何かをしてあげる存在であって、一方的にそれを受け取るのであるという、関係の一方向性がイメージとしてどうしても浮かびやすい側面があります。しかしたとえそれが出発点であっても、活動を通じて目の当たりにする子どもたちの姿や問いかけから、自分が何をなしえているのかを振り返ることになります。むしろ何も出来ず身動きがとれなかったり、自分の曖昧さや偏っている点に気づかされ、愕然とする、そんなことの繰り返しです。ボランティアは関わりのプロセスの中で、相手を知り、自分を知り、学び、変わり、成長していくことになる、そしてさらには、活動し、相手と関わることで自らが支えられていることを実感するようになっていきます。共に与え、かつ、与えられる相互的な関係に変化していくといっても良いでしょう。

5・4・3 「専門家→クライエント」からの変化

専門的な知識、技量を獲得して活動に取り組むボランティアの場合、その専門性に対して当初は敬意を表されることが多いですし、またそのことに専門家は馴れてしまっている面があります。しかしそのサポートを受ける対象者はやがてセルフコントロールというの形でその専門性を取り入れていき（疾患児の方が専門家の判断よりも適切な対応をとれる場合も少なくないようです）、共有されることになります。さらには、子供たちは

「あなたはどういう人間で、なぜここにいるのか？」という存在の本質を突く疑問を有形無形に投げかけてきます。いつまでも専門家の立場で安穏とみずからを守ってはいられない状況に直面するということでしょう。このような経験は、カウンセリング場面においてはしばしば生じることですが、医師・看護婦・栄養士、等々の専門職にとっても、普段の職務や専門性のわくを超えたものが求められてくることになります。そのときにいかに自らを専門性のわくから解き放てるかが、お互いのかかわりに決定的に影響を及ぼすことがあるように思います。

5・4・4　型にはまらない関係性

ボランティアにとってはいかに上述の変化を果たしていくかが焦点になってきますが、これらを促進する事態は活動中に必然的に生じてくるもののようです。既成の在り方や規範性を超えて、みずからオリジナルに行動せねばならない時がくるのです。例えば、小学生との例では、スタッフは専門家としての立場を超えて、一人の人間としての止むにやまれぬ気持ちから、子供に対して一喝しています。キャンプ中は、どちらかというと優しい（少々甘めの）スタッフと見られがちな彼が放った率直な言葉はダイレクトに子供の心に響いたようです。そのときすでに彼は役割を超越して、とことんつきあおう

という気持ちになっていたのだと思われます。それは中学生・高校生のグループにおいて子供たちの問いかけに懸命に応えようともがき苦しむスタッフのすがたにも共通するものであり、自分の在り方をかけて（少々身震いしながらも）その後に生じる事態に対する責任を担いつつかかわり続ける、ということでもあるでしょう。

これらの事柄を経験するうちに、ボランティアとして参加する側に変化・成長が生じてきます。それは充足感・満足感といった精神的な見返り以上のものであり、活動を通して、自分が支えられている、受け入れられていると感じることでもあるでしょう。未知の世界での実体験や交流から、異質性を受け入れ、共存の道をたどること、言わば"相互依存性のタペストリー（つづら織り）"(6)のなかで互いに生きていこうとする、ということになるでしょうか。ここには新しい人間関係と社会の未来像を考えていくヒントが豊かに含まれているように思われます。

ボランティアには実に幅広い活動領域があり、参加する顔ぶれや関わる対象者、求められる活動内容は千差万別ですが、本質的なエッセンスには、共通するものがあるのではないかと考えています。いかに、ともに歩みつつの関わりを（関係性の変容を経験しつつ）継続していけるかということなのでしょう。

5.5 心理臨床への示唆

もはや、言葉を継ぎ足す必要もないかとも思いますが、求められることと共通することが、心理臨床の場でも生じています。

カウンセラーは専門職ではありますが、ある一人の人間の存在のあり様、考え方や感じ方に対しては、言わば初心者として謙虚に耳を傾けます。既成の性格理論やカウンセリング技法が先にあるのではなく、ほとんどのことはクライエントに学ぶしか手はないといってもよいくらいです。少し錯綜した言い方になりますが、カウンセラーの専門性とは、相手との関わりの中でいつでも自分らしい自分を保てること（しろうとの自分、兄貴分・姉貴分の自分、教官・技官の自分、地のままの自分…、そういったものを不自然でなく提示できること）、可変的な関係性を結びうる存在でもあるということでしょう。そしてかかわりの中で経験することから、必要な知識や技能を再認識し、学び、工夫していくことになります。

クライエントは、"誰にも理解されないだろう"という想いを抱きつつ、それでもどこかで（ひょっとしたら最後の）期待をかすかに秘めて、ためらいながら面接室のドアをノックします。カウンセラーにも即座に何か解決の道筋が見えるような言葉を発せられる訳ではなく、ただ場数を踏んでいる分だけなめらかな導入の台詞は出てきやすいでし

ようが、本質的にはしどろもどろになりながらもにじみ出てくるメッセージの中に何かをクライエントは感じ始めて、カウンセリング関係が成立することになります。一旦は、カウンセラーとか心理臨床家とかセラピストという肩書きとその裏に見え隠れする専門性らしきものが、彼らの受け皿になりますが、それだけでは決してプロセスは進行していかないでしょう。いわゆる「純粋性」という言葉には、人間の本質のほとんどすべてが透かされて浮かび上がりかねない恐さをも含み込んでいるように思います。

カウンセリングのプロセスでも、4・1から4・4に述べられた変化を経験するように思います。タテの関係に近い当初のあり様が、お互いの表層から無意識までの各層全般に渡る交流を繰り広げていくうちに、両者がともにある種の共感と尊敬を感じ始め、同じ地平に立っているものとして、本来的な意味での対等さを共有することになります。そして、その末に、クライエントはカウンセラーのもとを離れ、みずからの道をみずからの足で歩んでいくことになります。ほんのひととき、道行きをともにする人間として、カウンセラーが選ばれ、そして様ざまな物語が語られ、また新たな人生の脚本を描きつつ、適正な距離で共に歩み、そのうえで、双方が納まりのつくかたちで、ある分岐点からそれぞれの道へと進んでいきます。

次章でも触れますが、私たちが「専門性」や「肩書き」に安住していては、本来的な

カウンセリング関係は成立しないでしょう。大変きついことですが、やはり自分を"バルネラブル（傷つきやすい状態）"に置ける覚悟と強さが求められているのだと言えそうです。心理臨床家はただそれだけの役割を果たすに過ぎないのですが、一方でそれが実に困難なことでもあるということを肝に命じておくことが必要かと思います。

6 専門性とは何か

6・1 ひとと会うこの自分

6・1・1 ひとと会うことへの怖れ

ここまでの論の流れから、ある程度感じていただけているかも知れませんが、心理臨床の営みは、まさに、この他の誰でもない自分が、他の誰でもない目の前の来談者と出会う、という、抜き差しのならない行為です。

しかも人工的な場の設定のもと、通常の人間関係のプロセスを経ずにいきなりに、もっともお互いの核心に迫るような話題をもとにした交流を行なうという、極めて特殊な交流です。

そして両者のあいだに組み入れることの出来る媒介物がきわめて限られている、いやむしろ、この自分という人間のみが、唯一つの手段として、道具として用いることが出来る媒介であると感じられるときすらあります。自分の性格・特性・考え方・感じ方・話し方・容姿・見かけといったものすべてが、その心理臨床家の一回一回の面接に深く、色濃く反映しているはずです。また意識的・無意識的にその個人的特質を、心理臨床家

は活用しようとしていますし、また個人的特質ゆえに生じるマイナスの影響を少なくしていこうと努力します。

面接の過程の中で一時はやむをえないことがあるにしても、在的な成長力をそのままに生かそうとすることが大前提であり、クライエントの個性と潜れすぎないあり方を志向し、少なくとも面接を行なったことで、カウンセラーに影響さ験が生じないようにすることこそがまず求められるでしょう。

毎回の面接が勝負のときであり、自分という存在や自分が提供できるこの場が、今ここに居るクライエントにとって、どのようなものでありうるのかを間断なく問われていることを感じます。こういったことを思うとき、何年もこの道を歩んでいるはずなのに、そのことの重みに、ふと足がすくんでしまうような気持ちになることがあります。

6・1・2　ひとと会うことの普遍性

しかし、一方で、心理臨床の面接の場で繰り広げられていることは、いつの時にも多くの人びとのあいだでなされてきたことであり、行ないうるものでもあるということ、言わば"人間関係のエッセンス"とも言うべきものなのだろうという気がしています。そうでボランティアに関して考察を進めていくと益ますそのような思いを強くします。

あれば、ことさらに、自らの専門性を主張することに何かためらいを感じてしまうところもあるのが正直なところです。

本来は、日常生活が、あるいは自身が所属するこのコミュニティが、このような交流がなされやすいような時間・空間にしていく努力が求められているのでしょう。少なくとも、様ざまな人々のあり方と交流に学ぶ謙虚さを忘れてはならないと思います。

あえて言えば、人間関係のエッセンスが表出しやすいような場を用意するということ、その場で起きうるあらゆる事柄に開かれていること、幾許（いくばく）かはそのような経験と知識の集積があり、それでいてこれに縛られすぎずにときに応じて有効に活用できること、といったところでしょうか。そして何よりも大切なことは、いかに安定してそのような場と交流を提供できるあり方を継続できるか、ということでしょうか。相手によって、その日の気分によって、その対応の質の善し悪しに大きな差が生じてしまうことがないような自分でありたいものです。

6・2 コンディションと構え

その意味で、一回一回の面接にいかに入っていくのか、一日一日をいかに過ごすのかということを、年齢と共に益ます気にするようになってきました。若いころは、少々無

理をしても大丈夫だという自信がありましたから、夜更かし・飲み過ぎは日常茶飯時でしたが、最近では明らかに自分の状態が、前日の過ごし方に影響されるようになってきましたので、以前に比べればはるかにまともな生活を送っているように思います。週末に飲んだくれて、"月曜日の午前中にお会いするクライエントは気の毒だ…"ということがないようにしたいと思っています。

朝、手帳を確認しておおよそその一日の流れとその日にお会いする予定のクライエントを思い浮かべますが、実際には、新規相談や臨時面接が組み込まれたり、あるいはキャンセルが生じたりとかならずしも予定通りにはいきませんし、さらには、事務的な仕事や各種の会議・講義との折り合いもつけていかなければなりません。そのような臨機応変さを持てる構えが、本書の流れで言えば、最も適切な「構造」と「テーマ」と「関係性」に随時チャンネルを合わせ、また随時切り替えていくことが、心理臨床には求められるのだと思います。一日が終わってほっとひと息つくとき、電車に乗って職場を去る時、ある種の切り替えが行なわれます。一回の面接という構造とともに、われわれは一日の勤務時間・勤務場所という構造を保持して日々を生きていることになります。勤務時間のかなりの部分を面接室というある意味で非日常的な世界で過ごすことになっていますので、こころのどこかで当たり前の日常性を保持していないと、面接も必要以上に

深みにはまってしまうかも知れませんし、関係者や他職種の方がたとの交流に不都合が生じかねません。

さらには心理臨床家もまた一人の人間として（市民として、組織人としてなど）、日々の生活をいかに自分らしく生きているのかが、問われてもいます。

6・3 ひとをサポートする専門職

6・3・1 他職種との関連・相違

私たちの仕事が多くの人びとの生活の中にも込められているエッセンスをより有効に見付け出し、生かしていくことだとすれば、ましてや人々をサポートしようとする業務に就いておられる種々の専門職の方がたの営みの中にも、共通する部分が多々含まれていることは疑いの余地もありません。

そのため、他職種の方からは「子どもへのケアはこころの問題も含めて私たちがやっているのに…」「何やら面接室の中でもっともらしい話をしているだけで、実際的な手助けは何もしていないじゃないか…」といった声が聞こえてくることがあります。ある意味ではこれらの声にはもっともな部分が含まれています。一つのコミュニティの中で心理臨床的な仕事が求められているとしても、種々の専門職との兼ね合いの中で、必要性

の優先順位はそのコミュニティ内の構成員が決めることでしょう。コミュニティの中では、サポートを求めている人びとに対して実際的な手助けの術をもっておられることの有効性・専門性を尊重していくことがまず求められることでしょう。その中で、一見何の術も持たないように見える心理臨床が機能する余地がどこにあるのかを、しっかりと見定めていく必要があります。人間ひとりひとりが尊重され、率直なコミュニケーションがなされているコミュニティであれば、わざわざこころの専門家など必要のない仕事と言っても良いのかも知れません。もちろん実際には、そういった状況からはほど遠いということを私たちは良く知っていますし、多くの人びともそう思われるからこそ、臨床心理学に注目が集まっているという側面があります。しかし、ひとをサポートする職種があまりに細分化されていくことが、この社会にとって本当に望ましいことなのかどうかは議論の余地のあるところでしょう。ひとりの人間はもっと総体的なものであり、多種多様な機能を果たしうる存在であるはずだからです。

6・3・2 他職種との連携のために

現在の社会的状況の中では、専門職として働くポストがあったとしても、あらかじめ心理臨床の仕事がしやすい環境が用意されていることはむしろまれであり、それだけに

苦労の耐えない領域です。

しかしわれわれが出来ることは、

- 日々の、ひととの会い方のわずかな相違から、あるいはその積み重ねから、その存在意義を示せるか
- 適切な言動で（声高にならずに）心理臨床の行為の意味をきちんと伝えていけるか
- そして、クライエントの経験と変容の集積で、説得力を持つ活動実績を提示できるか（会議や報告書などを通じて）

といったことから、静かにしかし着実に周囲の方がたの理解を深めていただくことしかないように思います。

心理臨床家の立場からは、他職種のスタッフの関わりが心理療法のプロセスを阻害するように感じられて「あまりこころの問題に立ち入らないでほしいな」と思うことも正直なところおそらくあるでしょう。実際こころに負担の大きい心理療法を、あたかも二本立てのような形で行なうことになるのであれば、それはクライエントを混乱させることになりかねません。しかし、恐らくは善意でなされるその働きかけがクライエントにとってどのような意味を持ち、そして面接の中ではこれらをどう消化し、活かしていけるのかを考えることの方が、よほど生産的である場合が多いのではないかと思います。

6・3・3 何故、心理臨床という職種を選ぶのか

ひとの力になりたいと考える人びとが、どういった職種を選ぶかは、そのひとの個性や適性、大げさに言えば援助観や人間観に関わることと考えられます。

心理臨床という曖昧で専門性を明確には主張しにくい領域、それゆえ自分がどこまでプロとしてやれるものなのか見当を付けにくいという厳しさ、一方で求められるストイックで真摯な姿勢、そのうえで、どこかで人間という存在に対する信頼と希望を保ち続けていられること、つねに自分を問われるという特徴を持つひとはそうはいないのではないかとさえ思うことがあります。これらの諸要素を自分の中で折り合いをつけていくことが困難であるならば、むしろ他の職種を選ばれたほうがよほどそのひとにとって（さらには将来出会うことになるクライエントにとっても）幸せなのではないか、という感覚を持たざるをえないといったら言い過ぎでしょうか。

その意味でも、あまりに早い時期に心理臨床のみに進路を定めて猛進することは決して勧められないことのように思います。種々の経験を積み、他職種の特色をじっくりと吟味して、そのうえで決めていってほしいと思うのです。

もちろん、いったんは自身の内的必然性ゆえに心理臨床の世界に触れ、自己治療につ

ながる何かを求めていくというあり方を否定する気持ちはありません。私も含めて多くの心理臨床家が、なにがしかのこころの傷つきを経験し、それを乗り越えてきたからこそ（乗り越えたいと思ったからこそ）この道を選んだのだと思いますから。

その後に、もし他の道筋が自分にとってよりピッタリとくるという感覚が生じたならば、進路の変更は大いにありえて良いということでしょう。実際に、何年か心理臨床のトレーニングを受けた後、生活の多くの場面を共にしながらひとを援助したいということで施設の職員になられた方、教育活動の営みの一環として生徒たちの成長支援に役立ちたいと学校の教員として活躍されている方、研究者として臨床心理学を生かした研究活動を積極的に推し進めておられる方、より権威のはっきりとした明確な存在として診断と治療に携わる精神科医師になられた方、等々、よりご自身にあった領域を再発見されて、魅力的な仕事ぶりを示されている方々は私の身の回りにもたくさんおられます。心理臨床はそれら隣接領域と相互に刺激し合いつつ、成り立っているものだと思います。

6・4　社会の中での位置づけ

ある業務内容が一つの専門的な職種として位置づけられるのであれば、社会的にはその集団を規定する、あるいは保証する制度があってしかるべきと通常は考えられます。

援助的な仕事で言えば、最もその制度が整っているのが、医師や看護婦（士）等による医療の領域でしょうし、近年であれば社会福祉の領域でも種々の公的な資格制度が整いつつあります。

これに比して、心理臨床の世界では、いまだ専門性の定置と望ましい資格制度のあり方をめぐって苦闘が続いています。これは何を意味するのでしょうか。

6・4・1 資格制度をめぐる状況

心理臨床に関する資格制度を難しいものにしている要因を私なりに整理してみると、

1) その活動領域が多岐にわたっており、また、隣接領域の中にも、さらには日常の人間関係の中でもその要素は多分に含まれ、独自のあり方を主張することが容易ではないこと

2) 関連して、教育臨床ならば文部省、病院臨床なら厚生省、産業臨床なら労働省、といった具合に、所轄する行政組織が分かれており、統一した制度の成立が困難であったこと。（省庁再編の影響も注目されるところです）

3) ベースになる心理学界が、これまでは基礎心理学中心に展開し、臨床心理学の位

置づけが相対的に弱かったこと。ここ数年、心理臨床が社会的関心を呼ぶにつれて、また臨床心理学に依拠する人々の数が増大するに連れて、学界での力関係に変化が生じているが、新しい平衡状態には至らないままに年月が過ぎていること。

4) さらには、心理学を踏まえて援助的な活動を展開する際に、援助方法（療法）・領域・対象ごとに独立した学会が設立されており、そのもとで現在一〇数種もの資格制度が存在していること

といった点に集約されるでしょうか。このところ私自身もある学会の資格問題を考える委員会に委員として加わり、さらに心理学諸学会の集う会合に参加する機会を得ていたのですが、さほど大きいとは言えないこの領域で、それぞれの利害関係を考慮しつつ一致点を見いだすことがいかに難しいことであるかを実感させられています。臨床心理士、教育カウンセラー、産業カウンセラーは、それぞれ母体となる協会の設立に複数の学会が参加しており、さらには日本心理学会を中心としてほぼすべての心理学関係の学会が参加するにいたった日本心理学連合が全分野を含んだ統一資格の制定に動いていますが、どのような決着をみることになるのか、まだ不透明な部分がたくさん残されています。

6・4・2 資格を持つということ

しかし、こういった状況以上に、心理臨床を志す者として自分自身に問うておきたいことがあります。それは「資格」とは何で、それを有することがどのような意味を持つのか、ということについてです。

1) もう歴史的過去になるのかも知れませんが、かつて臨床心理に関する資格制度をめぐって、私たちの大先輩が袂を分かつほどの激論を行ない、その結果、資格制度制定の動きが頓挫したということがありました。私自身も、聞き伝えであったり、当時の資料からうかがうしかないのですが残念なことに、そこで問われたことが何で、その結果何が得られたのかが、どうにも判然としません。明確に伝えることを、先輩方がどこかで避けているようにさえ思われるほどです。当時の時代的背景もあるでしょうし、同時期に生じた大学紛争や他領域で起きた紛争も、現在に対して何を残したのかがはっきりしないままに済まされてしまっていることとも関連するのでしょう。

2) これらのことはある程度はやむをえないとしても、資格というものが社会的なものである以上、社会との関わりを無視することは出来ません。とかく、面接室の

心理臨床家は、いま一度、我が国の社会のあり様にしっかりと目を向けていくべきであろうと思います。クライエントとして私たちの前に現れる人々も、そして心理臨床家も、この国・社会の中にあって種々の困難を抱えて生きていきます。この国がどういう国で、何故このような"こころの専門家"が認知されにくかったのか、を冷静に考えること、そのことは結果的に、臨床的な力量を上げていくことにも繋がるはずです。また長らく社会的・政治的に有効な働きかけが出来てこなかったこの業界が、今日、かつてないほどに大きな動きを示しているために生じている種々の齟齬についても、広い視野から納めていこうとする姿勢が臨まれます。

3）クライエントあるいは一般の人々にとっては、資格が明示されているということは、ある一定水準以上のサービスを受けられるという目安として、間違いなく意味のあることです。ただ、心理臨床の見地から見れば首を傾げたくなるものも含まれているとはいえ、民間療法や各種セミナー、宗教集団が実際に多々存在しており、そこを頼りにしている人々が決して少なくないという事実を、どう考えればいいのか、一筋縄ではいかない問題のようにも思います。

また、心理臨床が提供できる機能と重なる職種はいくつもあり、このようなサポートの様式を心理臨床の枠組みの中だけに抱え込んでしまっていいのかという疑問もあたりまのどこかで残しておきたいと思います。少なくとも、ひとのこころを大切に出来るのは心理臨床だけだという独善的な思い込みにはまらないようにしたいものです。関連する学会や資格が細分化していることにも、それぞれの特殊事情があるからこそであり、その個別性もまた尊重されるべきでしょう。

また、心理臨床の資格とか待遇というものは、予め先人が用意してくれるものではなく、自らが吟味し、必要と感じたものを学び、取り入れて、作り上げていく態度こそが不可欠です。

4) 教育システムが整備され、望ましいカリキュラムが用意されることはもちろん素晴らしいことでしょうが、一方で"与えられたものを消化していくことの先に心理臨床の資格があるのだ"とか、"ある基準に沿っているかどうかで自らを判断してしまう、あるいは諸先輩方からいかに評価されているかに過度に敏感になってしまう"という態度を育成してしまいかねない危惧があります。制度としての資格を取ったからといって心理臨床に関われる才覚が身に付いた証になるというものではありません。改めて言うまでもないことのはずですが、それはみずからの臨床的力量で証明して

5) そして活動の本質に関わることとして、資格を持つということは、ある権威としてひとと会おうとすることを意味するはずです。そのことが、自分に会いに来られる人びとにどのような印象を与え、面接室内外での関係性にどのような影響を持つことになるのかを、十分に吟味したいと思います。「先生」と呼ばれることが多くなるのでしょうか？クライエントの依存的転移を助長することになるのでしょうか。その辺りは一言では言えませんし、むしろそれは資格制度の問題というよりは、資格を持つことで生じる心理臨床家側の個人的な内的変化に関わることかも知れません。

資格を有することが、あるいは同業者集団に所属することが、少しは自分を守ってくれるように感じられることもあるでしょう。そのことによって面接に落ち着いて臨めるという側面もきっとあると思います。それはクライエントにとっても利益になることでしょうが、一方で資格に規定されたあり方に終始する限り、面接関係の発展は臨めません。資格に縛られない柔軟さが求められることになってくるのでしょう。

これらのことを考慮しつつ、資格というものをどう自分の中に位置づけていくか、また自分の営みを社会の中にどのように位置づけていくかが、一人一人の臨床家に

問われているのだと思います。また「資格」の問題は「専門性」の捉え方と深く関わってくる問題でもあります。

6・5 研究と臨床の乖離を生きる

臨床心理学を志す皆さんの多くが直面する問題として、臨床活動と研究活動をいかに有機的に結びつけていけるかという問題があります。

6・5・1 統計的研究との接点を求めて

研究者として最初にぶつかるのは、卒業論文、そして修士論文ということになります。今日では、本格的な心理臨床のトレーニングは大学院レベルでなされるようになっていますから、卒業論文は、自らの関心に基づいて自由に思い切ったことをなされるのが良いような気がします。卒業論文には、それまでの自分自身のあり方を反映させて、学生生活を総括していくという作用があり、また、その後の自分自身の方向性を暗示しているものも多く含まれることになるからです。そもそもこれほど長い文章をきちんとした構成のもとにまとめていくという作業は恐らく初めての経験になるでしょう。

しかし、修士論文になるとかなり事情が異なってきます。すでに少しづつ重ねつつあ

る臨床経験に基づいた研究を行ないたくなるのが自然な流れなのですが、どれほどの臨床的実践が行ないえているのかも心もとない状況で、事例研究をはじめとした臨床に生かせるような研究デザインを考案していくことはほとんど不可能に近いような気がします。そのため、最初の関心は臨床にある程度依拠していたとしても、デザイン的には統計を駆使した研究となることが多いようです。その統計的研究をきちんとこなし、形の整った論文をまとめることは、後々に大きな財産となることは間違いないのですが、自分自身の経験では、統計的処理と執筆のプレッシャーに追われ、自分が本当にやりたいことが何だったのかが、分からなくなってしまったところがありました。

統計的に有意な差があることが集団単位では検定できても、一人一人の人間との関わりを何よりも優先したい臨床家にとって、個人が見えなくなってしまうような研究方法はどうしてもためらいが生じてしまうというのが正直なところかも知れません。少し大きな問題になりますが、心理学の諸研究が、臨床や教育の現場、あるいは社会に対して、どの程度有用な知見を提供できているのかについて（徐々に問題意識が高まってきるようですが）十分に再検討していく必要があるでしょう。

6・5・2 事例研究へのためらい

臨床実践に最もしっくりくる研究方法は、やはり事例研究ということになるでしょう。Case Conferenceでの発表や事例研究をまとめることは臨床的力量を養っていくためには必須のものと言えます。ただし、論文として事例研究を発表することには、私自身はいまだにかなりの抵抗感を拭い切れずにいます。少し神経質に過ぎるかとも思うのですが、そう私が感じてきた理由をいくつかまとめておきましょう。

1) クライエントに了解を求めるのは当然のことになるわけだが、必ずしもそのようになされてはいない状況があったこと。

2) 了解を求めるやりとり自体が、これまでの面接過程やクライエントとの関係性を反映することになり、場合によっては"お世話になったカウンセラーの先生の依頼ゆえ"クライエントは断りにくいということも生じる。

3) 継続中ならば、その後の展開に影響を及ぼしうる。例えば"自分は特別な事例なのだろうか？"といった感情をもたらすかもしれない。

4) 終結事例ならば、いまを生きているクライエントにとっては、すでにカタを付けたはずの問題を、こちらの都合で掘り起こしてしまうことになるのかも知れない。

5) ある個人の人生の歩みが、多くは苦しみの（及びそれを乗り越えた）記録が、印

6) また、専門家の目にしか触れない印刷物に限るとしても、販売・貸し出し・閲覧・保管でそのことが守られる保証がどの程度あるのか。またどの程度個人に関する情報に配慮がなされていれば良しとするのか、あるいは終結後何年たっていれば活用して良いと考えるのか、といった合意が十分とはいえない。

7) そもそも、カウンセリングは、クライエントとカウンセラーの共同作業であり、そこから得られる知見は基本的に"共著"のようなものではないのだろうか。

8) 心理臨床家にとってはどの事例も唯一のものであり、"特別な事例を作らない"というあり方と反してしまうのではないか。

9) こういった留意点を越えてまで、事例研究に著わしていくことが、今後の心理臨床の領域にとって、ひいては未来のクライエントにとってどれほどのメリットになると言えるのか。

10) そもそも、本当に新しい知見が含まれていると言える研究がどの程度あるのか。これまでに発表されてきたものの焼き直しに過ぎないものがほとんどではないのか。

等々、いくつもの思いが生じてきます。自分が事例研究を行なうにさいしては、こういっ

た点と折り合いを付けていくことが必要になってきます。

6・5・3 研究活動にまつわる所感

事例研究に限らず、臨床家が研究活動にためらいを感じる理由として、また次のような事柄も考えられます。

1) "臨床活動に専念していれば、時間的・労力的に余裕がない"というのが最も大きな理由でしょう。身近な臨床家にもそうおっしゃる方々は少なくないはずです。それなりの力量のある心理臨床家であれば、諸条件がそこそこ整っている場で活動していればいくらでもクライエントが来談する現状であるはずですから。

2) また研究活動にまつわる種々の雑務をこなしていると、面接を落ち着きのないものにするという側面がある。面接とあまりに異なるモードに切り替えていくことは出来れば避けたい。"雑音に惑わされることなく、クライエントとじっくりと会っていたい"というのが本音でしょうか。

3) また、研究に必然的にともなうこととして"クライエントを対象化し過ぎている自分に気づく"ことがある。あるいは自分が現在関心を持っている特徴やテーマを抱えているクライエントと会いたくなったり、そのテーマに引きつけてクライエントを理

6　専門性とはなにか

解しようとしてしまう傾向も生じる場合がある

4) 研究に励んでいるように周りから見られると、どうも"自分がこの業界で評価されたがっている"みたいに感じられて気が引ける。

5) 自分の臨床実践のあり様や得意領域を、印刷物になった少数の論文で判断されるのも痛し痒しである。コメンテイターになりたい訳ではないのだから、場合によっては、業績がないほうが自由に活動できるのではないかという気もする。等々、幾分は言い訳めいていると思いますし、これらは乗り越えられる課題だという気もしますが、先に進むために、ためらいの一端を記しておきました。

6・5・4　臨床から研究へ

個人的には、自分が研究をやる気になる要素があるとしたら何だろうと思いを巡らすと次のようなことが浮かんできました。

1) 自分が所属している機関の存在と活動をアピールするものならば、周囲の理解がそのまま実践に結びついて生きてくるので、最も自然にやる気につながりやすい。

2) 臨床活動や日常業務に埋もれないために、つねに現状を見直し、課題を整理していくという行為は必要と思われる。

3) そして、日頃の実践を一歩ずつ確認していくためのものであれば意味がある。やはり人間は進歩が感じられないと悲しいものであるから。
4) 自分のなかのインプットとアウトプットのバランスを取るために、自分の中に次から次へと臨床経験とクライエントの世界が入り込んでくると、自分の容量が満杯になってしまったかのような錯覚に陥ることがある。
5) 同業者とのつながりを作っていくタネともなるならば。学会や懇親会で、同じ問題意識を持つ仲間と交流する良いきっかけとなる。また、それらの仲間の力に少しでもなりうるものであると感じられれば、研究を発表した意義があると思えようか。前節の所感を乗り越えるほどの理由になるかどうかは、取り上げようとする研究課題の内容にもよるでしょう。

そして研究の方向性や方法論としては、

a) 自分自身の臨床経験の集積から発信できるものであり、かつその結果が、自分や仲間の臨床実践に還元できる性質の内容でもあること
b) 要は、自分のあり方、問題意識、やり方にこだわる部分を大切にすることであろう。
c) 方法論的には、もちろん研究テーマにもっとも相応しいものを選び取る、あるいは工夫することになる訳だが、事例性と普遍性を結ぶものとして、多数事例を整理しつ

つまとめる研究がいま求められているように思われる。論文化して発表するかどうかはともかくとして、面接場面自体が常に仮説設定と検証・発見の場でもあるとすれば、「実践」と「研究」をいかに結んでいくかは、専門家としてこの領域に従事する者にとっては避けては通れない課題といえるのかもしれません。

6・6 自らのスタイルを作る ──所与のシステムの中で──

心理臨床の活動は、これに関わる個人のあり様と密接に関わっています。あらかじめ、心理臨床の仕事がしやすいような「構造」が用意されているとは限りませんし、クライエントは種々の「テーマ」を抱えて、カウンセラーの前に現れます。そしてカウンセラーとクライエントとが結ぶ「関係性」の様相は、両者の固有の対人関係の様式を踏まえつつ、刻一刻と変容していきます。どういった営みを展開してきたのか、そしてこれから展開しようとしていくのかを吟味していく中で、自分の特性を把握し、最も適切な関わりを安定して供給できるみずからのスタイルを作っていくことが求められると言っていいでしょう。

そのさいには、自分が所属する機関のシステム、自分やクライエントが所属するコミュ

ニティ、そこで求められる役割や機能、といった所与の条件をいかに踏まえ、適応しつつ、活用していくかが問われることにもなります。例えば現在の私は、学生相談という大学の中での相談活動に専念していますので、いかに所属する大学コミュニティの一員として学生・教職員の力になれるかを中心に考えています。あえて言ってしまえば、心理臨床家としての自分よりも、大学という教育機関の教職員としての立場の方が優先するというスタンスから自分の存在意義と活動を見渡していると言っても良いくらいです。

結局、個人と場との相互作用のうえに、望ましいありかたがおのずと決まってくるとも言えるのでしょう。そのことの繰り返しのうえに、柔軟性を持った、自分固有のスタイルをいかに築いていくかが問われていきます。それは、専門家としてのスタイルでもあり、専門職に従事する一個人の生活全般を貫くライフスタイルを形成していくことかも知れません。それはどのような人間として生きていくのか、自分はなぜ職業的に心理臨床という領域にいるのか、「資格」を持ってひとと会おうとすることの意味は何か、「研究」と「実践」の兼ね合いはいかようであるか、といったことを問いつつ、さらには所属する機関において自分にしか出来ないことは何で、やりたい訳ではないが立場上やらなければならないことは何か、思われることは何で、やりたい訳ではないが立場上やらなければならないことは何か、そして断固（できればやんわりと、でしょうか）拒否しなければならないことは何か、

その時どきに、毎回の面接の中での交流と同様に、種々の判断と行動を積み重ねていくうちに、出来上がっていくものなのでしょう。

おわりに

本シリーズは"心理臨床セミナー"ですから、当然心理臨床について語るものである訳ですが、そうは言っても恐らくこれまでの刊行された本シリーズの著者の先生方に比べて最も経験の浅い私にどれほどのことが語られるのか、はなはだ心もとない次第で、果たしてどのような本になっていくのか、書き始めてみないと見当がつかない気がしていました。それでも一九九八年一二月末に頂いた編者の飯長先生からの執筆のお誘いに、恐れも知らずにわずか一～二日のうちに飛びついてしまったところを見ると、確かに自分の中に、言いたいこと・伝えたいことがあって、そのような機会を待っていたようにも思われます。いまになって振り返ると、いたらない部分や書き尽くした著作もあちこちに目につくのですが、完璧な面接がありえないように、すべてを書き尽くしたことがあちこちりえないのだとみずからに言い聞かせ、現在の自分に書けることを、時期を逸してしまわないうちに書き留めておけたことの意義を大切にしていこうと思っています。

本書の中で触れてきたことは、自分の臨床スタイルを確立していこうとするプロセスの中で生じてきたことです。その意味で、私自身、二〇代のころに出会った五人の先生

方との出会いが、そのスタイル確立のための大きな礎となってきたように感じています。佐治守夫先生には、ひととひとが向き合うことののっぴきならなさ、臨床という道の険しさ、厳しさを教えて頂きました。井上健治先生は、発達心理学をご専門にしておられますが、真っ直ぐなお人柄で公私にわたって、ひとりの人間としての率直な生き方を提示して下さいました。近藤邦夫先生には、個人の内界を大切にしつつもそれのみに把われずに、個人を包むシステムやコミュニティとの関連で状況を理解することの重要性を語りかけて下さいました。村瀬孝雄先生には、感情や雰囲気に流されてしまいがちな私に、つねに冷静なアセスメントを行なうことを鋭く教示して下さいました。林昭仁先生は、あらゆる側面を統合したひとりの臨床家としてのあり方を身をもって示して下さいました。諸先生方に、改めてお礼を申し上げます。

本書の文章は、ほとんどが書き下ろしですが、第・章「新たな地平──ボランティアから学ぶもの──」については、『性格心理学ハンドブック』（福村出版）に寄稿した文面を本書の趣旨に合うように書き替えたものになっています。

日頃の相談活動や諸業務との兼ね合いの中で、構想はあっても実際の執筆にはなかなか取りかかれなかった状況がほぼ一年続き、垣内出版並びに編者の先生方には多大なご

心配をおかけしてしまいました。目の前にいるクライエントのために何ができるのかを最優先にしていった結果なのだと、そして本務にまつわる諸業務を優先させることが大切なのだと、言い聞かせてはきましたが、自分にとってはやりきれない想いが募る日々でもありました。ただ、そう思うようにままならないのが人間であり、さらに言えば、ひとと関わる仕事の本質なのだから、このような状態も、臨床家としての自分を育ててくれた経験なのではないかと、はじめての単著を前に思っています。

この国のあちらこちらで、ひととひととの出会いと関わりから、何かが触れ合い、育ち合っているであろうことを思い描きながら、私もまた気持ちを新たに、ひとのこころの傍にたたずみ続けていこうと思います。

二〇〇一年秋

斎藤憲司

【文　献】

(1) 牧野　純 1993　心理療法過程の評価―カウンセラーの言語応答様式とと"理解された感じ"の関係　東京大学大学院教育学研究科修士論文

(2) ほんの木（編）1993　初めてのボランティア　ほんの木

(3) 堀田力 1995　堀田力のふれあいボランティア・ガイド　三省堂

(4) 岡本栄一 1981　「ボランティア活動をどうとらえるか」
　　大阪ボランティア協会（編）「ボランティア―参加する福祉―」ミネルヴァ書房、1-54、所収

(5) 野島正也 1994　「高齢者のボランティア活動」
　　森井利夫（編）「ボランティア」現代のエスプリ 321、至文堂、64-71、所収

(6) 金子郁容 1992「ボランティア―もうひとつの情報社会―」　岩波新書

齋藤憲司（さいとう・けんじ）
1959年　徳島県生まれ
1983年　東京大学教育学部教育心理学科卒業
1989年　同大学院博士課程単位取得退学
　　　　文教大学保健センター相談室非常勤カウンセラー（1986〜1989）
　　　　東洋大学社会学部非常勤講師（1992〜現在）
　　　　東京大学学生相談所助手（専任カウンセラー）を経て
現　在　東京工業大学保健管理センター教授（専任カウンセラー）

【主な著書等】
「いじめの発見と対策」共訳、日本評論社
「心理援助のネットワークづくり」共著、東京大学出版会
「学生相談シンポジウム」共編、培風館
「学校臨床そして生きる場への援助」共編著、日本評論社
学生相談やカウンセリングに関する著作・分担執筆多数

「心理臨床セミナー」シリーズ⑥
ひとと会うことの専門性―なぜ心理臨床をめざすのか―

2002年4月15日　第1版第1刷発行
2013年4月10日　第1版第2刷発行
●
著　者　齋藤憲司
発行者　峯達郎
●
印　刷　株式会社シナノ
発行所　垣内出版株式会社
　　　　〒158-0098 東京都世田谷区上用賀6-16-17
電　話　03-3428-7623
ＦＡＸ　03-3428-7625
ISBN978-4-7734-0144-8